道路工程与城市建设

黄 隆 著

北京工业大学出版社

图书在版编目（CIP）数据

道路工程与城市建设 / 黄隆著． — 北京：北京工业大学出版社，2019.9
ISBN 978-7-5639-6960-9

Ⅰ．①道… Ⅱ．①黄… Ⅲ．①城市道路－道路工程－研究②城市建设－研究 Ⅳ．①U41②TU984

中国版本图书馆 CIP 数据核字（2019）第 185294 号

道路工程与城市建设

著　　者：黄　隆
责任编辑：李倩倩
封面设计：点墨轩阁
出版发行：北京工业大学出版社
（北京市朝阳区平乐园 100 号　邮编：100124）
010-67391722（传真）　　bgdcbs@sina.com
经销单位：全国各地新华书店
承印单位：定州启航印刷有限公司
开　　本：787 毫米 ×1092 毫米　1/16
印　　张：7.75
字　　数：155 千字
版　　次：2019 年 9 月第 1 版
印　　次：2019 年 9 月第 1 次印刷
标准书号：ISBN 978-7-5639-6960-9
定　　价：40.00 元

版权所有　翻印必究

（如发现印装质量问题，请寄本社发行部调换 010-67391106）

作者简介

　　黄隆，男，1978年6月生，硕士，道路专业高级工程师，毕业于中南大学交通土建专业，现任浙江工业大学工程设计集团有限公司市政院副院长，长期从事城市道路的规划设计与研究工作。

　　曾主编了省级地方标准《城镇人行地道设计规范》，参编了省级地方标准《SBS改性沥青混合料应用技术规程》《城市道路隧道设计规范》《透水混凝土路面技术规程》的编制工作。

　　曾发表了《软土路基沉降的实测及有限元分析》(《浙江建筑》)、《市政道路路基沉陷与处治措施》(《建筑细部》)、《市政道路刚性基层设计方法探讨》(《城市道桥与防洪》)等多篇专业性论文。

前　言

随着城市经济社会快速发展和城市化地快速推进，人们的物质生活日益丰富，生活水平逐步提高，人们对城市公用服务功能和周边环境等方面的要求将日益增强，尤其表现在对城市道路由局限于功能性的基本需求，上升到要求道路具有更好的交通性、舒适性和景观性功能的层面。但由于城市建设存在着地区差异、个性差异及建设发展不均等因素，同时由于城市道路建设规划理念未能完全适应发展需要，设计、施工尚存在不同程度的缺陷，管理养护未能到位等原因，道路建设在反映整个城市的景观，美观和环境等方面，未能完全实现经济、合理、可持续发展的目标，在展现城市的总体姿态与风貌，给人们的生活和出行带来便利等方面未能体现其作用和效果。一些城市道路的基本功能还没有得到充分发挥，建设美观性能未能与周边环境很好融合，投资未能得到充分体现，与城市现代化进程，文明程度和人民生活需求还存在一定差距。而现有的城市道路规划设计和建设规范又不能完全满足发展水平与建设需求。因此，城市建设迫切需要合适的标准、规范来引导城市建设高水平，高起点地发展。

不少城市道路的网络、结构、线形、横断面，交叉口、绿化、周边建筑与有关设施在造型尺度，比例，空间轮，平面构图，节奏，色彩等方面存在着某种不协调、不均衡、不统一、不和谐、不美观的现象，甚至给城市景观、城市宏观特点造成了巨大缺陷。此类问题已成为影响我国城市现代化建设和可持续发展的重大因素，已成为城市建设与管理者必须面对的严峻考验和挑战。

基于此，本书以城市道路工程与城市建设为研究对象，分别对城市道路工程概述，几种常见的城市道路设计，城市路基与路面设计、施工与养护，城市道路排水设计与施工技术要点，城市道路绿化设计与优化，海绵城市建设理念及其在城市道路工程中的应用，道路工程与城市建设的创新进行了研究，结构合理，内容新颖。

  本书在撰写过程中，得到了许多专家和同仁的指导与帮助，在此一并表示感谢。由于笔者水平有限、时间仓促，书中疏漏之处在所难免，敬请各位读者批评指正。

目 录

第一章 城市道路工程概述 ·· 1
　　第一节　国内外城市道路发展状况 ···································· 1
　　第二节　城市道路的分类与组成 ······································ 5
　　第三节　城市道路的技术标准 ·· 7
　　第四节　城市道路工程生态补偿模式 ································ 11

第二章 几种常见的城市道路设计 ·· 15
　　第一节　城市道路横断面设计 ······································ 15
　　第二节　城市道路平面设计 ·· 22
　　第三节　城市道路纵断面设计 ······································ 28
　　第四节　城市道路交叉口设计 ······································ 31

第三章 路基与路面设计、施工与养护 ···································· 37
　　第一节　城市路基设计与施工 ······································ 37
　　第二节　城市路面设计与施工 ······································ 46
　　第三节　城市道路工程改扩建设计要点 ······························ 54
　　第四节　城市路基路面的养护与管理 ································ 56

第四章 城市道路排水设计与施工技术要点 ································ 61
　　第一节　城市路基排水设计 ·· 61
　　第二节　城市路面排水设计 ·· 66
　　第三节　桥面排水设计 ·· 67

第四节　城市道路排水管道施工技术要点 …………………………… 68

第五章　城市道路绿化设计与优化 ………………………………………… 71
　　第一节　城市道路绿化规划与选择 …………………………………… 71
　　第二节　道路绿化工程中反季节施工要点 …………………………… 78
　　第三节　数字城管在城市道路绿化中的应用 ………………………… 80

第六章　海绵城市建设理念及其在城市道路工程中的应用 ……………… 83
　　第一节　海绵城市建设的内涵与目标 ………………………………… 83
　　第二节　海绵城市建设现状 …………………………………………… 86
　　第三节　海绵城市道路设计技术流程与要点 ………………………… 87
　　第四节　海绵城市建设理念在城市绿地设计中的应用 ……………… 91
　　第五节　海绵城市建设理念在城市道路给排水设计中的应用 ……… 94

第七章　道路工程与城市建设的创新 ……………………………………… 97
　　第一节　新建城市道路工程设计方案评价指标体系 ………………… 97
　　第二节　中国智慧城市地建设与运行 ………………………………… 102
　　第三节　"智慧城市"背景下的城市道路设计优化策略 …………… 106

参考文献 ……………………………………………………………………… 109

第一章 城市道路工程概述

城市道路工程是城市建设工作的一个重要组成部分，是为城市居民和企业、事业单位的生活与生产提供服务的基础工程，因此道路工程施工质量直接影响着城市经济建设。畅通的道路与快捷的交通作为一座城市的窗口，直接反映了城市的管理水平。本章围绕国内外城市道路发展状况、城市道路的分类与组成、城市道路技术标准及城市道路工程生态补偿模式展开论述。

第一节 国内外城市道路发展状况

城市道路的发展水平是与一定的社会历史发展阶段相适应的。随着社会与经济形态的更新、转换和技术不断进步，城市道路系统与交通工具、交通管理手段一起经历了从简单到复杂、从低级到高级的发展和演变过程。

一、国外城市道路的发展状况

早在汽车出现之前，随着城市数量与范围不断增加，道路建设也在有计划地实施着。例如，巴基斯坦的亨朱达罗城有着非常整齐的道路，其主干道路是南北方向，而其他的道路是东西方向；在罗马，一般道路宽25～30m，甚至有的道路宽35m，人行道及车行道都采用了柱子整齐排列的方式来进行分隔，路面上选取大石板来进行铺砌，在繁华的区域设有广场。

汽车给人们的安全带来了隐患，为了消除隐患，道路建设有了新地改进。不仅增加了不同的规划形式，而且路面都选取了比较坚固的石板、混凝土及碎石等来进行铺砌，使其能够承受一定重量的交通工具。但是汽车的快速发展也给城市道路带来了很大挑战。

20世纪60年代，以纽约、伦敦、巴黎等为代表的大城市，随着私人小汽车的迅猛发展，公共交通受到了沉重打击，并导致城市交通陷于混乱状态。为

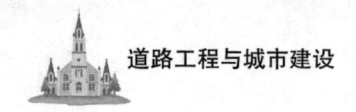

解决日益严峻的交通拥挤问题，各国考虑将城市交通规划和土地利用相结合，研究城市常规公交规划技术、公交优先通行技术及轨道交通规划技术。

到20世纪80年代，许多发达国家的城市道路建设已相对完善，相关的规模指标均达到较高的水平。但这一时期，城市道路交通紧张已经成为大城市普遍面临的问题，世界各国针对自身出现的新情况，从分析城市交通系统内在影响因素入手，明确问题的症结，进而提出了城市交通发展战略目标、规划方案与政策建议，并明确提出了在大城市中必须将公共交通放在首位。

到21世纪，为适应不断增长的交通需求，世界上很多城市不断加大道路基础设施建设投入，城市道路系统已经十分完善，世界部分城市的道路相关发展指标见表1-1。

表1-1 世界部分城市建成区城市道路相关发展指标

城市	道路长度（km）	路网密度（km/km^2）	道路面积（km^2）	道路面积率（%）
纽约	13 352	16.0	180.6	21.7
东京	11 883	19.1	100.7	16.2
伦敦	14 926	9.5	254.1	16.2
巴黎	11 400	15.0	187.5	24.6
北京	6 295	4.6	96.11	7.0

此外，这一时期，为了缓解城市道路交通紧张的问题，许多发达国家通过完善城市公共交通系统、提高道路通行能力等措施来改善交通拥堵。例如，日本东京建成了以发达的轨道交通为主，公共汽车和出租车作为补充的城市公共交通系统，其交通组织科学，路网作用得以充分发挥。其中，轨道交通包括以山手线为首的JR线、东京地下铁（195.1km）和东京都营地下铁（109km，由东京都交通局管辖）3个主要部分。此外，东京圈范围内轨道交通还包括横滨市营地下铁、横滨高速铁路、埼玉高速铁路及东京临海高速铁路等。又如，伦敦建成了地上与地下、轨道交通与公路交通相交，集地铁、火车、轻轨、公共汽车、出租车于一体的立体化公共交通网络。此外，2002年10月，英国交通部出台了减缓交通阻塞计划，在92个堵塞严重地区实施改造措施，提高主要公路和高速公路的行驶条件，如在使用频繁的高速公路和环城公路上设立新的公路转盘、更换车道标志等。

二、我国城市道路的发展概况

我国城市道路的规划和建设有着悠久的历史，按照时间顺序大概可分为古代、近代和中华人民共和国成立后三个城市道路发展时期。

（一）古代城市道路发展时期

早在西周之时，我国城市建设者就已经形成了一套关于道路系统建设的规制。根据《周礼·考工记》记载："匠人营国，方九里，旁三门，国中九经九纬，经涂九轨，左祖右社，面朝后市，市朝一夫。"其中，"国中九经九纬"指的是城内有九条直街，九条横街。《周礼·考工记》中还记载："经涂九轨，环涂七轨，野涂五轨……环涂以为诸侯经涂，野涂以为都经涂。"这说明当时对道路宽度已有了严格的分级，市内宽，环城窄，城郊更窄，并且按封建等级的不同，都城有大小，道路宽度也不相同。周代的这种道路系统建设思想对我国后来的城市布局和道路网布局产生了深远影响，成为目前常见的方格网加环形的城市干道网规划图式之一。

（二）近代城市道路发展时期

随着我国封建社会解体和半殖民地半封建社会形成，中国历史进入了近代发展时期，这种社会动荡直接影响了这一时期城市的发展内容和发展模式，不可避免地对城市道路建设造成了巨大影响。这一时期发展起来的城市及开拓的道路系统与古代城市的道路系统有明显不同，由于开辟商埠及民族工商业发展，还有国外城市影响，此时的城市布局和道路系统充满着浓郁的异国色彩。同时，由于西方列强势力范围的划分及军阀割据，造成了城市道路建设混乱，标准不一。例如，德国于1987年强占青岛之后，在道路建设方面注重道路系统与地形结合，采用不是很规则的方格网形式，路网密度很高，道路间距在80~100m，同时注重港口与铁路地衔接。又如，大连的城市道路规划多受俄国影响，反映出明显的古典形式主义色彩，在城市道路建设中以环形广场及放射性道路形成路网骨架，并突出港口和铁路的地位。

（三）中华人民共和国成立后城市道路发展时期

新中国成立以来，道路建设得到了迅速发展，通常包括以下几个时期。

中华人民共和国成立初期，由于重点工程项目实施，政府选择几个重点城市实施了庞大的基础设施建设，使道路得到改进。在1957年期间，有关数据

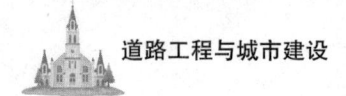

显示国内道路长度和1949年相比增加了64%，道路面积增加了71%。而交通工具地增长相对缓慢，道路与车辆发展相比显然供大于需。

20世纪60和70年代，道路建设的资金支持逐渐减少，道路建设的进程速度渐渐下降。1966年至1977年，道路面积每年的增长率大约为2%，在相同期间内，交通工具的年增长率为6%～10%，因而大部分城市出现了交通堵塞的情况。在此阶段因为自行车出行受到了政府给予的大力支持，因而人们普遍选择自行车作为交通工具。

20世纪80年代，由于基础设施建设缺少资金供给，出现非常严重的供需不平衡，无论大型还是中型城市都出现了这样的状况。在这个阶段，随着城市车辆增多，交通事故也随之增多，道路与车辆供需不平衡，城市交通压力巨大。

20世纪90年代，城市的占地范围逐渐递增，在此期间，机动车迅速发展。特别是城市的中心地段车辆密集，因此交通问题非常突出。为了改进交通的发展现状，大部分城市开始实施新的规划，建设环路、立交桥及轨道等。然而种种原因导致建设效果不明显，特别是大城市道路与交通问题依然严峻。这一时期我国交通建设状况与欧美发达国家仍有较大差距。

21世纪至今，由于城市机动车保有量剧增，我国一些特大城市经常发生大面积的、持续时间较长的交通拥堵。为缓解严峻的道路与交通问题，出现了以提高停车收费标准、机动车牌照拍卖及机动车尾号限行措施为代表的交通需求管理。另外，部分大城市的城市轨道交通也得到了迅猛发展。

目前，我国城市道路建设发展迅速并取得了显著的成就，但是这与国外发达国家相比还有很大差距。由于机动车地迅猛增加和城市道路建设用地有限，道路拥挤已成为近几十年来世界各大城市普遍面临且急需改善的问题。针对这一问题，有关部门除了从生产力的均衡配置着眼，结合自然地理环境和物资资源条件开展都市区的区域规划，建设发展中小城市来限制大城市规模的继续膨胀外，还可通过发展快速路、优化城市网布局、大力发展公共交通等方式来缓解道路压力，保证城市交通持续有效发展。

第二节　城市道路的分类与组成

一、城市道路的分类

根据《城市道路工程设计规范》（CJJ 37—2012）的规定，城市道路应按道路在道路网中的地位、交通功能及对沿线的服务功能等，分为快速路、主干路、次干路和支路 4 个等级，各个等级的道路应符合以下规定。

（一）快速路

快速路指在城市内建设的单方向多车道的道路，符合远程和高速的特点。快速路中央设置分隔带，无论是进口还是出口都选取了立体交叉控制，单向设置应该大于或者等于两条车道，同时设置相搭配的各种措施。

快速路要具备平顺的线性，保证交通的安全性、舒适性及顺畅性。通常情况下其和车辆密集的干路相交应该选取立体交叉的方式；和车辆稀少的支路相交应该选取平面交叉的方式，但必须具有控制交通的管理策略。两侧都有非机动车通行时，一定要安排分隔带。行人横向穿过车行道时，一定要从地道、天桥穿过。

快速路主要是为远距离机动车提供服务的道路，属于城市车辆密集的主干路，而且和高速公路相连，能够快速的集聚和分散通行的车辆。在建筑物的筹备与计划期间，一般快速路的两侧不允许建设能够聚集大量的车辆及人群的建筑物，并且两侧的基础设施都要严加管理。

（二）主干路

主干路应连接城市各主要分区，应以交通功能为主。主干路两侧不宜设置吸引大量车流、人流的公共建筑物的出入口，如剧院、体育馆、大型商场等。必须设置时，建筑物应后退，让出停车和人流疏散场地。

主干路通常由机动车道、非机动车道和人行道组成。在非机动车较多的主干路上，宜采用机动车与非机动车分隔的道路断面形式（如三幅路、四幅路），以此来减少机动车和非机动车的相互干扰。

主干路上的交通要保证一定的行车速度，因此设计时应根据交通量的大小设置相应宽度的车行道，以供车辆快速、通畅行驶。主干路上的交叉口宜尽量减少，来减少相交道路上车辆进出的干扰，且一般不设置立体交叉，而采用扩宽交叉口引道的方法来提高通行能力。个别流量特大的主干路交叉口，也可根

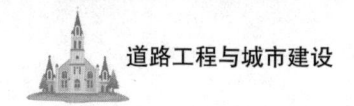

据需要设置立体交叉。

（三）次干路

次干路是分布在城市内各区域的地方性干道，应与主干路结合组成干路网，以集散交通的功能为主，兼有服务功能，可以起到广泛连接城市分区域各部分及集散交通的作用。

次干路是城市中数量较多的一般的交通性道路，通常不会设立立体交叉，有些交叉口能够实施面积的增加，通常设置4条车道，非机动车道设置也可以和其他的道路结合。次干路同时具有服务的作用，两边可以创建各种基础设施，还可以创建停车场、交通站点及服务站点等。

（四）支路

支路适合与次干路及内部道路进行连接，如居住区、工业区等，其主要处理局部区域的问题，具有服务作用。它既是城市道路交通的起点，又是交通的终端。部分支路用于补充干路网的不足，可以设置公共交通路线，也可以规划自行车专用道。支路为局部地区交通和行人提供服务，一般不负担过境交通。

二、城市道路的组成

城市道路由各种类型和等级的道路、交通广场、停车场及加油站等设施组成。在高度发达的现代化城市，城市道路还包括高架道路、人行过街天桥（地道）和大型立体交叉工程等设施。而由城市道路的长度、路网密度、等级结构、布局、设施等形成的供道路交通运行的系统则被称为城市道路系统。因此，与公路相比，城市道路组成更加复杂，功能也更多一些。

一般情况下，在城市道路建筑红线之间，城市道路由以下几个不同功能部分组成。

①车行道。车行道指不同交通工具通行的道路部分，包括只能允许汽车、无轨电车等机动车通行的道路；允许自行车及三轮车等非机动车辆通行的车道；还有轻轨线路、有轨电车道等。通常，有轨电车道与城市道路位于同一高程层面，轻轨线路则与城市道路在高程上分离，以保证轻轨交通的畅通与便捷。

②路侧带。路侧带是指车行道外缘石和红线围成的部分，具体含有人行道、设施带和绿化带。路侧带具有为保护行人的作用，并且还有为标志牌和信号灯等提供空间的功能。

③分隔带。分隔带是指在不同道路的横切面上，顺着道路垂直设置的部分，

具有分隔车流的功能，并且相当于基础设施、交通标志等，同时也是道路绿化用地之一。分隔带包括中央分隔带与分布在车行道两边的两侧分隔带。中央分隔带的功能是分隔相向而行的车辆，防止出现车辆严重碰撞的情况；而两侧分隔带的功能是分隔同向行驶的车辆，具体指快慢车辆及三轮车等。

④交叉口和交通广场。

⑤路边停车场和公交停靠站。

⑥道路雨水排水系统，如街沟、雨水口（集水井）、检查井、排水干管等。

⑦其他设施，如渠化交通岛、安全护栏、照明设备、交通信号（标志、标线等）。

第三节　城市道路的技术标准

城市道路的技术标准涵盖了多方面的内容，如道路车辆和交通特性方面的设计车辆、设计速度、交通量、通行能力、设计年限以及道路红线等相关内容。

一、设计车辆

设计车辆是指对道路上行驶的各种车辆进行归类，将其尺寸标准化，作为道路设计的依据。设计车辆的外廓尺寸直接关系到车行道宽度、弯道加宽、道路净空、行车视距等道路几何设计问题。因此，设计车辆的规定对道路的几何设计具有决定性的意义。设计车辆可分为机动车设计车辆和非机动车设计车辆两种。

①机动车设计车辆。根据《城市道路工程设计规范》（CJJ 37—2012）的规定，机动车设计车辆应包括小客车、大型车、铰接车，其外廓尺寸见表1-2。

表1-2　机动车设计车辆及其外廓尺寸的规定

车辆类型	总长（m）	总宽（m）	总高（m）	前悬（m）	轴距（m）	后悬（m）
小客车	6	1.8	2.0	0.8	3.8	1.4
大型车	12	2.5	4.0	1.5	6.5	4.0
铰接车	18	2.5	4.0	1.7	5.8+4.7	3.8

注：总长——车辆前保险杠至后保险杠的距离。

　　总宽——车厢宽度（不包括后视镜）。

　　总高——车厢顶或装载顶至地面的高度。

　　前悬——车辆前保险杠至前轴轴中线的距离。

　　轴距——双轴车时，为从前轴轴中线到后轴轴中线的距离；铰接车时，分别为前轴轴中线至中轴轴中线、中轴轴中线至后轴轴中线的距离。

　　后悬——车辆后保险杠至后轴轴中线的距离。

②非机动车设计车辆。非机动车主要是指自行车、人力三轮车、人力平板车和畜力车。考虑到我国大、中城市对于畜力车的行驶范围、路线及通行时间都加以限制，有的规定白天禁止进入市区。因此，畜力车对交通的影响较小，设计时一般不作控制。根据《城市道路工程设计规范》（CJJ 37—2012）规定的非机动车设计车辆外廓尺寸见表1-3。

表1-3 非机动车设计车辆及其外廓尺寸的规定

车辆类型	总长（m）	总宽（m）	总高（m）
自行车	1.93	0.60	2.25
三轮车	3.40	1.25	2.25

注：总长——自行车为前轮前缘至后轮后缘的距离；三轮车为前轮前缘至车厢后缘的距离。
总宽——自行车为车把宽度；三轮车为车厢宽度。
总高——自行车为骑车人骑在车上时头顶至地面的高度；三轮车为载物顶至地面的高度。

二、设计速度

道路设计速度，也可以称为计算驾驶速度是指在通行顺利及正常天气的情况下，具备中等水平的行使者在道路上没有任何危险、正常行驶的最大速度。道路设计速度也是策划道路几何线性的参考信息。道路弯道半径、弯道超高、行车视距等线形要素的取值都与设计速度有关。此外，道路的横断面尺寸、侧向净宽及道路纵断面坡度等也与设计速度有着密切的关系。可以说，设计速度的高低直接反映出了道路的类别和等级高低，同时也与道路工程造价直接相关。一般而言，设计速度越高，道路工程造价也就越高，反之亦然。因此，确定城市道路设计速度，不仅要考虑车辆的交通效果，也要考虑工程的经济性。

由于城市道路组成复杂，非机动车、行人交通量大，交叉口多，受公交车频繁停靠影响等方面的特点，其平均行驶速度相比公路有较大的降低。与《城市道路设计规范》（CJJ 37—1990）相比，新规范《城市道路工程设计规范》（CJJ 37—2012）对各级道路的设计速度进行了新的修订。

三、交通量

交通量是指在单位时间内通过道路某一地点、某一断面或某一车道的交通

实体数量,是交通管理、交通规划与道路设计等的重要依据。正确调查与预测交通量,将影响项目决策的科学性和工程技术设计的经济合理性,也将直接影响到道路的几何设计。

①设计年限平均日交通量。平均日交通量(简称为ADT)是指某一时段间隔内交通量的平均值。按照观测统计时间的不同其可分为周平均日交通量(WADT)、月平均日交通量(MADT)、年平均日交通量(AADT)。而设计年限平均日交通量是指拟建道路到达远景设计年限时能达到的年平均日交通量。它是确定道路等级、道路结构和安全设施设计的基本数据。其计算公式如下。

$$N_t = N_0(1+r)^{t-1} \qquad (1\text{-}1)$$

式中:N_t——设计年限的年平均日交通量;

N_0——基年的交通量;

r——交通量的年递增率;

t——设计年限。

②设计小时交通量。在进行道路规划设计时,必须考虑交通量随时间变化出现高峰的特点,既要保证道路在规划初期满足绝大多数小时车流能顺利通过,不造成严重阻塞;同时也要避免道路建成后车流量很低,投资效益差的现象发生。因此,必须选择适当的小时交通量作为设计小时交通量,以其当作道路设计的依据。一般来说,设计年限末年的交通量最大,高峰小时交通量也将出现在设计年限末年。从工程经济的角度出发,设计小时交通量不是采用最大高峰小时交通量,而是采用一个适当的"较大高峰小时交通量",通常采用"第30位小时交通量",或根据当地调查结果控制在20~40位。

非机动车、行人的设计小时交通量估算采用多因素相关分析结合规划指标确定。

四、通行能力

通行能力这一概念是用来描述在一定的道路和交通条件下,单位时间内通过道路某一断面或某一条车道的最大车辆数或行人数。通行能力实际上是道路负荷状况的一种度量,既反映了道路疏通的最大能力,也反映了在规定特性前提下道路所能承担车辆运行的极限值。通行能力包括基本通行能力、可能通行能力、设计通行能力。

基本通行能力是指在道路、交通、环境和气候均处于理想状态时,单位时间内通过某一车道或某一断面的最大车辆数,是计算各种通行能力的基础;可能通行能力是指在通常的道路、交通、环境和气候条件下，单位时间内通过某一车道或断面的最大车辆数，它考虑了道路和交通条件与理想条件的差距，是对基本通行能力的修正；设计通行能力是指道路的运行状态保持某一设计服务水平时，通过某一车道或断面的最大车辆数，它是可能通行能力乘以与该路服务水平相对应的交通量和基本通行能力之比。

五、设计年限

道路设计年限是指道路的正常工作年限，包括道路交通量设计年限和道路路面结构设计年限两层含义。

在道路交通量设计年限内，期望不发生交通拥挤或堵塞。道路交通量设计年限是预测或估算道路交通量达到饱和状态时使用的年限。一般来说，道路类别越高，设计年限越长。《城市道路工程设计规范》（CJJ 37—2012）规定：快速路、主干路为20年，次干路为15年，支路为10～15年。设计年限越长，道路横断面设计时车行道和人行道所需的宽度越宽，工程投资额就越大；反之亦然。

在道路路面结构设计年限内，则期望不发生路面结构破坏。设计年限取值与路面建筑材料、路面工程建设和维护费用大小有关。考虑到路面结构维修比较困难，一般水泥混凝土路面的设计年限比沥青类路面长。《城市道路工程设计规范》（CJJ 37—2012）中有关路面结构的设计年限规定值见表1-4。

表1-4 路面结构的设计使用年限（年）规定值

道路等级	路面结构类型		
	沥青路面	水泥混凝土路面	砌块路面
快速路	15	30	—
主干路	15	30	—
次干路	10	20	—
支路	8（10）	15	10（20）

六、道路红线

道路红线是指城市道路用地分界控制线，红线之间的宽度即为道路用地范围，亦可称为道路的总宽度或规划路幅。因为城市道路红线以外的用地要进行建设，非常紧张，而且道路定位受建筑物的影响很大，因此道路红线是确定道路及两侧建筑物设计、施工的依据，此外它也是城市公用设施各项管线工程的

用地依据。道路红线规划设计主要内容包括以下几点。

第一，确定道路红线宽度。根据道路的功能和性质，采用适当的横断面形式，确定出各组成部分的合理宽度，从而确定道路的红线宽度。在确定红线宽度时，要充分考虑"近远结合，以近为主"的原则。

第二，确定道路红线位置。依据规划道路中心位置及横断面宽度，在城市总平面图上确定道路红线位置。新区道路，一般是先划定红线，然后依照红线分期修建；对于旧区道路，可采用一次扩宽至道路红线宽度或两侧分期逐步扩宽至道路规划红线宽度两种方式。

需要强调的是，由于城市道路规划设计涉及多方面的内容，因此在实际的道路设计和施工中，除了参考《城市道路工程设计规范》的相关标准外，还需根据具体情况参考相关的其他技术规范标准，具体如下。

①《城市综合交通体系规划标准》（GB/T 51328—2018）；
②《城市道路路线设计规范》（CJJ 193—2012）；
③《城市道路交叉口规划规范》（GB 50647—2011）；
④《城市道路交叉口设计规程》（CJJ 152—2010）；
⑤《无障碍设计规范》（GB 50763—2012）；
⑥《城镇道路路面设计规范》（CJJ 169—2012）；
⑦《城市快速路设计规程》（CJJ 129—2009）；
⑧《城市道路路基设计规范》（CJJ 194—2013）；
⑨《透水砖路面技术规程》（CJJ/T 188—2012）；
⑩《室外排水设计规范》（GB 50014—2006）；
⑪《城市排水工程规划规范》（GB 50318—2017）；
⑫《给水排水工程管道结构设计规范》（GB 50332—2002）；
⑬《给水排水工程构筑物结构设计规范》（GB 50069—2002）；
⑭《城市桥梁设计规范》（CJJ 11—2011）；
⑮《公路桥涵设计通用规范》（JTG D60—2015）。

第四节　城市道路工程生态补偿模式

城市道路属于基础设施建设部分，城市道路和区域经济水平、物流管理及人员通行息息相关。在城市道路的建设期间内出现了许多影响环境的问题，因此相关机构在道路建设实施中一定要保护环境，尤其是道路的策划者，要更加

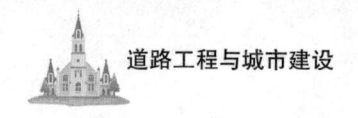

全面分析生态体系。

一、城市道路建设对于生态环境的影响

城市道路建设对于生态环境的影响，体现在以下两个方面。

（一）城市道路建设对理化环境的影响

理化环境指统计与测量人类可能会吸入的粉尘、污染指数等，在道路建设过程中会受影响的理化环境分为水资源、土壤、声环境、空气等。

①道路建设对土壤的破坏。道路建设在土壤方面导致的明显改变就是结构变化。若要符合交通的要求，建设道路使用的土壤必须非常坚硬并且能够承受重力，此外道路建设经常给土壤排气及夯实，从某种程度上改变了土壤组成，破坏了植物生长的条件。除此之外，在道路建设实施中排放的尾气会进入到土壤中，进而破坏土壤的结构，妨碍了绿色道路的规划与建设。

②道路建设对水的污染。道路建设的每个环节中经常出现排水需要。工作人员应该确保路面上非常干燥，在施工的期间对基坑实施挖掘并进行排水，因而地下水受到了干扰，其表现为水位逐渐降低，导致植物很难吸收水分，更严重的是动物水源缺失，甚至城市居民的饮水也出现问题。

③道路建设对大气的污染。这种影响包括两个阶段，一个是施工期；一个是道路投入使用后。在施工期间产生的粉尘、废水及废渣等物质被排放出来，污染了周围的空气。而在道路建设完成期间，交通工具排放的尾气对空气也产生了污染。有关信息表明，交通工具排放的污染气体占总污染气体的47%。

④道路建设对气温的影响。道路建设所需的材料热容量不高，与土壤的热容量有着很大区别。其阳光照射所形成的热量是很高的，但晚间散热也十分迅速，因而就产生了地表热量不平衡的现象。尤其是在冻土区这种现象更为显著。

⑤道路建设对声环境的污染。噪声的污染也应该引起人们重视，现如今汽车地使用越来越多，发动机的噪声及轮胎和地面摩擦的噪声给人们带来的听觉影响非常明显。城市中大部分的噪声制造源都是交通工具。噪声与交通工具行使的速率和路面的平坦程度有着显著的相关性。

（二）城市道路建设对生物环境的影响

道路建设对生态的影响主要体现在两方面，一方面是对植物的影响，另一方面是对动物的影响。土壤与水分是植物成长必要的条件，而道路建设改变了植物的生长环境；除此之外，道路建设还影响甚至破坏了整个生态体系，如南

方道路建设，尤其是山地公路地建设。道路建设也影响了动物的栖息环境。在道路建设的过程中，方便、节省、高效一直都是道路建设应该重视的首选因素，因此在施工期间工作人员应该积极采取有效策略来解决诸如地貌及水源等出现的问题，否则无论是生活在这个区域的动物还是人类都面临着生态威胁。除此之外，外在景观也会出现问题。道路对环境有着异型和间断的作用。其把不同的部分紧密地连接起来，却给某些物种带来了毁灭性伤害，导致生物数量逐渐减少，严重时会导致生物濒临灭亡，进而造成环境质量地下降。

二、生态补偿模式在城市道路绿地设计中的应用

道路建设不仅要引导人们选择绿色交通工具，降低车辆通行率，还要扩宽道路间距，降低道路建设的范围，在道路设计时就考虑生态补偿。

（一）绿地系统生态补偿模式

城市的快速发展导致一些城市在规划及景观格局等层面存在很多弊端。因此，人们应该利用合理的生态学形式来对城市景观设计进行主动改进，进而促进城市景观有效发展。

道路绿化模式无论是空间的角度还是平面上的格局都影响着整个城市的外在景观。因此，在规划道路绿草的期间设计人员应该全方面综合分析，有效的利用生态条件来建设绿化道路，如林地、湖泊等，保证生物丰富性，尽可能地降低在建设过程中对生物生存地方地破坏，将道路绿地和城市内不同地方的绿地进行有效的衔接。同时把城市的内外水体与植物进行相接，通过道路绿地不断完善使得景观井然有序的发展。

（二）道路设施补偿模式

在道路建设期间内应该设置一些其他的非生物成分，例如路墩、灯具及候车亭等，其主要目的是确保交通安全与环境美观。大部分建筑物都能够采取合理的安排方式及绿色环保产品来增强绿地空间的繁茂。从某种程度上为城市景观起到了补偿作用。例如，道路两侧所设置的照明灯是非常重要的建筑设施，既为路上的行人提供光亮，同时也防止了高大植物遮挡了光亮，把大弯壁路灯放置在道路的两侧即不会干扰附近植物的繁茂生长，也不会影响其发挥自身的功能，特别是非机动车道路及人行道路都可以安装这种路灯。需要注意的是，人行道路的铺装最好选取透水性强的镶草砖来铺砌，而且应该在人行道边安排具有角度的排水坡，其目的是方便雨水可以顺利地流进绿化池中，进而提高地

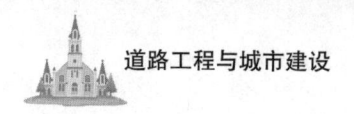

下水的水位。除此之外，还应该减少绿化池附近栏杆设置，增加植物生长的有效空间，在必要的情况下，可以选择路墩来起到分隔的作用，进而自然的为道路绿化体系增添绿色及生命的气息。

（三）景观视觉补偿模式

有研究表明，绿视率达到25%时是人类的心理状态与生理状态都处于最舒服的阶段。整个城市的景观中，道路及周围的建筑设施等是人们活动最密集的地方。因此，要想制造更广泛的空间，应该进行视觉补偿设计。其具体措施有，第一，增多视觉空间绿化，事实上视觉空间加深是最重要的，绿化补偿是前提，在道路建设的过程中添加绿色成分可以增强绿视率，这除了可以扩展空间，还可以使道路景观富有条理性，根据《城市综合交通体系规划标准》（GB/T 51328—2018）的规定，可以在道路建筑的周围建造一些低矮围墙或者栏杆，使道路绿化和周围的其他绿化达成有效的融合；第二，促进垂直绿化，针对详细的地方进行强化，即强化道路周围建筑的垂直绿化，将道路与建筑设施的边缘地方全部被绿色植物覆盖，进而增强绿视率，把人类与自然环境进行有效融合，促进两者和谐发展；第三，采用远高近低的方式，根据地理位置，如果道路和广场及公园距离较短，那么可以在道路的两边种植矮型植物，如花卉、地被等，若相距较远，可以种植中等类植物，相距更远的位置种植高大类植物，这不仅增加了视觉的层次感，而且扩展了景观范围，从而起到视觉补偿的功能。

第二章　几种常见的城市道路设计

城市道路是一条由线形、路基、路面、桥梁、涵洞、隧道和沿线设施组成的三维带状工程实体。城市道路的线形指道路路幅中心线的空间立体形状，由横断面线形、平面线形和纵断面线形组成。平面线形为道路中心线在水平面上的投影形状，纵断面线形为沿道路中心线竖直剖切再投影到纵断面上的投影形状，横断面线形为中线上任意一点的法向切面。本章主要论述城市道路横断面设计、城市道路平面设计、城市道路纵断面设计、城市道路交叉口设计。

第一节　城市道路横断面设计

一、横断面设计概述

城市道路的路线设计是设计人员在调查研究、掌握大量资料的基础上，设计出的一条有一定技术标准、满足行驶要求、工程费用最省的路线，其具体设计任务就是确定路线的空间位置和平、纵、横各部分的几何尺寸。城市道路的平面线形由于受路网布局、道路红线宽度和沿街建筑物位置等条件限制，所以路线的平面走向只能在有限的范围内移动，其定线的自由度要比公路小得多。同时城市所处地形一般较为平坦，纵断面问题比公路容易解决。但是由于城市道路的交通性质和横断面组成比公路要复杂得多，且都需要在横断面布置设计中综合解决。因此，城市道路的路线设计中，横断面设计是主要矛盾，在设计顺序上，要先进行横断面设计，再进行平面和纵断面设计。必须指出的是，平面、纵断面和横断面设计虽然分别进行，但三者之间是相互关联的，要综合考虑。

道路横断面由道路地面线和横断面设计线构成。城市道路横断面设计线包括机动车道、非机动车道、人行道、中间带、分车带、绿化带等。近期道路横断面宽度通常被称为路幅宽度,远期规划道路用地总宽度被称为道路红线宽度。地面线是表征地面起伏的线,它通过现场实测、大比例尺地形图、航测图、数字地面模型等途径获得。本书所讨论的横断面设计只限于道路红线之间的部分、与行车直接有关的那一部分宽度和形式等问题,因此也将横断面设计称为路幅设计。

城市道路横断面设计的主要依据材料是道路等级、性质、红线宽度、交通需求及交通组织方式。设计横断面最需要做的就是按照现有的道路情况、道路两旁土地使用情况、红线宽度及交通情况,在绿化、建筑及管线布置上进行整体考虑,将每一项尺寸都确定下来并且使其合理化,在不影响交通的情况下,将土地利用率大幅度地提升,确保交通正常运行及维护秩序。

（一）城市道路建筑限界

道路建筑限界是指为保证道路上各种车辆、人群的正常通行与安全,在一定高度和宽度范围内不允许有任何障碍物侵入的空间界限,又称为净空。道路建筑限界应为道路上净高线和道路两侧侧向净宽边线组成的空间界限,顶角抹角宽度（E）不应大于机动车道或非机动车道的侧向净宽（W_1）。在进行道路横断面设计时,设计人员应充分研究组成路幅要素的相互关系及道路各种设施的设置规划,做出合理安排,不允许桥台、护栏、道路标志、电线杆、行道树等设施的任何部分进入道路建筑限界内。

对通行无轨电车、有轨电车、双层客车等其他特种车辆的道路,最小净高应满足车辆通行的要求。道路设计中,应做好与公路及不同净高要求的道路间的衔接过渡,同时应设置必要的指示、诱导标志及防撞等设施。

（二）城市道路用地范围

城市道路的用地范围是指城市道路红线以内的范围。道路红线是指划分城市道路用地和城市建筑用地、生产用地与其他备用地的分界控制线。红线宽度为红线之间的宽度,包括机动车道、非机动车道、人行道、绿化带等在内的规划道路的总宽度,是城市道路的用地范围,也叫规划路幅。红线宽度的确定是城市规划部门根据城市道路网形式及各条道路的性质、功能、路幅形式、走向和位置等因素确定的。

（三）横断面设计要遵循的原则

横断面设计的主要任务是在满足交通、环境、公用设施、管线敷设及排水要求的前提下,经济合理地确定各组成部分的宽度及其相互之间的位置和高差。

横断面设计关系到交通、环境、景观和沿线公用设施地协调安排，进行横断面设计时要遵循如下的原则。

①设计道路横断面需要在已经确定好的红线宽度里面实施。根据道路情况、车速、机动车和非机动车数量、交通设施、管线、绿化及人流量与地形等各方面的因素来设计横断面的外形、尺寸及比例，确保行人和车辆能够正常行驶，使其安全得到保障。

②布置横断面需要和道路功能相互匹配。例如，设计交通干道的时候，不论是机动车车道还是分隔设施都要设计的足够合理，保证交通安全，而商业性大街就需要人行道要达到一定的宽度才可以。设计车行道的时候也要将公交车停靠的位置设计好，方便其他车辆无障碍通行。

③绿化要做好。绿化并不仅仅可以起到美观的作用，还可以保护环境、确保交通安全，并且还能够将每一个组成部分运用得更加灵活。在设计绿化带的布置位置时要将分隔带一起进行考虑，其还能够和人行道进行组合；可做横断面各组成部分的衔接部分，也可做横断面其他组成部分的备用地。

④确保雨水可以顺利地排除。设计人员在进行道路设计的时候还要将路拱形式及雨水口的坡度考虑进去，另外马路两边的街坊及单位排水口都要和道路排水口相互联系在一起。

⑤避免沿路的地上、地下各种构造物及人防工程等相互干扰。在道路横断面布置时，要综合考虑各种管线及构造物之间的配合与合理安排，还要提供它们发展的余地。

⑥在布置上还要参照着路边的建筑及公共设施来进行合理地布置。例如，商业区旁边的建筑大多数都是商店，在横断面的设计上通常都不会使用分隔带。

⑦在设计横断面的时候还要考虑远近期，还要提前将管线位置留好，在标高及路面宽度上也要适当给予其一定的发展空间。例如，对于新建城市，在发展初期，交通量较小，就可以先开辟最低必需宽度的车道，预留车道的用地可以先进行绿化，待将来交通量增大时，再辟为车道。

⑧改建道路应采取工程措施与道路交通管理相结合的方法布设横断面，具体工程措施有增辟车道、展宽道路等；交通工程措施如增设分隔设施实现机动车及非机动车分离，减少相互干扰。

二、城市道路横断面的组成部分

城市道路的横断面包括供各种机动车辆行驶的机动车行车道，供自行车、三轮车、平板车等非机动车辆行驶的非机动车道，还有供行人使用的人行道、

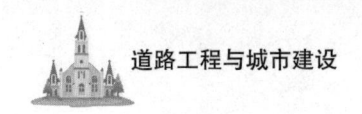

分隔各种车辆（或行人）的分隔带和绿化带，特殊断面还可包括应急车道、路肩和排水沟等。

（一）城市道路常见路幅布置形式

城市道路常见的横断面形式包括单幅路（一块板）、双幅路（两块板）、三幅路（三块板）、四幅路（四块板）及特殊形式的断面。

①单幅路（一块板）。其将所有的车辆都组织在车行道上混合运行，用交通标线组织交通，机动车在路中央行驶，非机动车在路两边行驶，不设分车带。单幅路占地少，投资省，车道利用率高，但是各种车辆混行，对交通安全不利。一般适用于道路红线较窄，机动车和非机动车交通量不大的次干道、支路，还有用地不足、拆迁困难的旧城改建的城市道路。

②双幅路（两块板）。其在车道中心用分隔带将车行道一分为二，分隔对向车流，在两条对向行驶的车行道上，用交通标线划分机动车道和非机动车道。双幅路将对向行驶的机动车分开，减少了行车干扰，提高了行车安全。但其一侧机动车和非机动车仍旧混合运行，机动车和非机动车行驶互相影响。双幅路适用于单向需要两条以上车道，非机动车较少的道路，或有平行道路可以供非机动车行驶的快速路或郊区道路及一般红线宽度在40m以下的道路。

③三幅路（三块板）。其用两条分车带将机动车和非机动车分开，中间行驶双向机动车，两侧行驶单向非机动车。三幅路将机动车和非机动车分开，大大提高了交通安全性。三幅路在分隔带上布置绿化带，有利于夏天遮阴防晒，减少噪声和布置照明等。但是其需要占用较大的土地，投资较大，一般适用于机动车、非机动车交通量较大的城市道路，一般红线宽度在40m以上。

④四幅路（四块板）。其用中央分隔带和两个侧分隔带分隔机动车和非机动车。四幅路不但将机动车和非机动车分开，还将对向行驶的机动车分开，车速和交通安全较三幅路更为有利。但其用地量和投资也较三幅路大，一般适用于机动车车速和交通量大，各向两条机动车道以上，非机动车多的快速路和主干路，一般红线宽度在40m以上。

（二）不同城市道路的横断面组成与综合布置

根据城市道路功能的不同，可以将城市道路划分为交通性道路、商业性道路、生活性道路和景观性道路四种类型。这四种类型的道路都有着不同的特点、性质，在设计时也有相对应的要求，这种不同之处还在横断面及整体布置上存在着差异。

①交通性道路。这种类型的道路是专门用来交通使用的。相对其他类型的道路来说，交通性道路的车流量最多，在设计时机动车道比较宽大，有着非常重要的交通地位，通常都会在城市之间使用，并且距离相对来说都比较远；在这种车道上自行车道相对范围较小；同样人行道也没有很高的要求。从布置形式上来看交通性道路都是运用的两幅路，如有非机动车道的话，那么其要和人行道设置成相同等级。

②生活性道路。这种类型道路一般都是针对居民生活出行所使用的，这种道路主要考虑人的交通较多，因此在公交的设置上是比较优先考虑的，如果条件允许的话还可以设置公交专用道，并且还可以加宽自行车道。这种道路是将人车放在了相同的等级上去考虑的，人行道需要很宽敞并且步行环境也要设计得更加用心。为了保证交通安全，人车需要采取隔离的方式，如果是干道级道路则还应该进行机非分离，并且还可以根据实际的交通情况，使路边能够停车，马路上的行人能够走人行横道。布置这种道路可以运用一幅路及三幅路。

③商业性道路。这种道路的两旁都是商业建筑，如大型购物或者是娱乐场所。这种街道类型在设计行人步行的时候应给予充分的宽度范围；为了保证人群安全及购物环境，此类道路不需要有很多的机动车道，通常设置双向4车道就足够使用了，另外还应该设置港湾式公交站台，同时还要用隔离措施将人和车隔离开，同样自行车也不可以和人群在一条街道上，从而避免彼此之间干扰。其在设置的时候一般都是使用一幅路以及三幅路来设置。

④景观性道路。这种道路还可以叫作园林景观路，一般会出现在城市的重点路段，这种道路对于绿化景观要求比较高，也是一种能够展示城市风貌及特色的道路。因为其对于绿化有着严格的要求，所以绿化率不能低于40%，因此需要更宽的空间，一般少数的主干道或者是次干道才会有这种道路设置。这种道路最主要是给行人提供可以休息、娱乐的地方，人行道非常宽，在进行设计的时候可以使用开放式绿地，并且在一定程度上结合人行区域进行布置，道路两旁还要根据自然条件进行对称或者是非对称设计；要在车行道和行人中间采取隔离措施，利用港湾式车站的设计来让自行车道进行保留，另外还要限制行驶区域。其通常都是使用两幅路来实现。

三、城市道路横断面综合布置

城市道路横断面综合布置是指对城市道路各组成部分，如车行道、人行道、绿化带、地上杆线和地下管线等的位置和宽度都在横断面上予以合理安排，并进行必要的艺术处理，使道路横断面布置满足交通要求，同时与周围景观协调

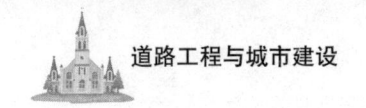

及经济合理的横断面设计过程。

（一）城市道路横断面综合布置要遵循的原则

①应首先保证车辆和行人的交通安全。城市道路具有许多功能，其主要功能是为城市交通创造良好的服务条件。在进行横断面布置设计时，首先要将机动车道、非机动车道、人行道的宽度需求，即未来的发展情况进行综合考虑，合理确定其宽度和位置。

②应充分发挥绿化带的作用。绿化的布置不但可以让城市和街道变得更加美丽，还能够对环境及交通安全起到保护作用。在进行绿化带布置的时候，需要结合人行道、分隔带及设施带进行设计。其不但能够当作是平面上可以连接横断面的，又可作为横断面的备用地带。

③应与道路的性质和特点配合。对于不同的道路性质，其各自的特点和要求是不一样的，在横断面综合布置上也应有所不同，有所体现。

④要和道路两旁的自然条件及建筑物进行合理的搭配和布置。还要运用好天然因素，如海、湖泊等，可以让道路两旁变成景色动人的海滨道路。道路两旁的大型建筑物应该在高度设计上有一定的比例，这样才可以更加的协调美观。

⑤应有利于雨水排除。在选定路拱形式与路拱横坡时，应确保雨水迅速排除，同时又要注意与街坊内部的排水取得协调。

⑥应满足地上杆线、地下管线和人防工程的要求。城市道路的总宽度应满足地下管线安排，还有人防工程的安排与设置。

⑦应考虑近、远期结合。

（二）道路路幅形式选择的一般规定

我国《城市道路工程设计规范》（CJJ 37—2012）对道路路幅形式地选择做了如下的一般规定。

①当快速路两侧设置辅路时，应采用四幅路；当两侧不设置辅路时，应采用两幅路。

②主干路宜采用四幅路或三幅路；次干路宜采用单幅路或两幅路，支路宜采用单幅路。

③对设置公交专用车道的道路，横断面布置应结合公交专用车道位置和类型全面综合考虑，并应优先布置公交专用车道。

④同一条道路宜采用相同形式的横断面，当道路横断面变化时，应设置过渡段，过渡段的起止点宜选在交叉口或结构物处。

（三）城市道路横断面主要形式的对比分析

城市道路交通的组成要素就是车辆和行人。因此，在进行道路设计的时候要充分考虑好车辆和行人之间的关系。交通组织的差异也有可能导致机动车及非机动车在布置横断面的时候所采用的形式不同。

城市道路一般有四种横断面，分别是一幅路、两幅路、三幅路和四幅路。这4种横断面形式的对比分析如下。

①在行车速度上，一幅路和两幅路的机动车与非机动车混合行驶，互相干扰、车速较低。三幅路和四幅路因机动车和非机动车分流行驶，互不干扰，车速一般较高。

②在交通安全上，三幅路和四幅路比一幅路与两幅路都要安全，这是由于三幅路和四幅路解决了非机动车和机动车相互干扰（易产生交通事故）的主要矛盾，同时分隔带还起到了行人过街的安全岛作用。但三幅路和四幅路对公共交通车辆停靠站上、下的乘客穿越非机动车道比较不便。三幅路主要用于车速较高的城市主干道上，两幅路和四幅路则主要用于城市快速路。

③在造价上，一幅路占地最小，投资省，故在各种等级的道路上均可采用。三幅路，特别是四幅路用地最大，但有利于地下管线的分期敷设，且非机动车道可采用较薄路面，这是合理的一面，但其总造价往往最高，主要适用于主干道和城市快速路。

（四）城市道路横断面形式地合理选择

选择道路横断面形式时，应考虑规划远景断面形式、交通量组合比例、修建道路的主要目的、旧路利用等因素，并结合各断面的特点及适用性来选择合理的断面形式。

①一幅路。其需要的土地面积比较小，成本低，但是并没有将车辆进行区分，只适合用在机动车量较少并且建筑红线较窄的地方，或是用地困难或是有大面积拆迁地段的商业性街道，通常设置4条车道就可以实现交通量的需求。如果红线宽度并不是很窄并且还有相应的特殊要求时，也可以利用一块板形式来进行布置。按照我国的交通情况来看，一块板形式较为常见，一般很多的中小城市都会使用这种形式，甚至很多大城市也可能为了降低投资成本，使用这种形式。

②两幅路。两幅路将对向车流分开，减少了行车干扰，有利于夜间行车，分隔带上还可进行绿化、布置照明和敷设管线，但车辆行驶时灵活性差，转向需要绕道，占地多，车道利用率不高。其适用于郊区快速干道（机动车辆多，

非机动车辆少），有平行道路可供非机动车通行的快速路及横向高差大或地形特殊的路段。但由于我国目前城市交通的主要矛盾是机动车与非机动车混合行驶的矛盾，不是机动车对向行驶的矛盾，同时设置该类型路段后因车辆超车而造成的交通事故较多，上海、南京、合肥等地已陆续拆除，改为一幅路或三幅路断面形式。

③三幅路。三幅路将机动车与非机动车分开，对交通安全有利；在分隔带上布置绿化带，有利于夏天遮阴、减少噪声和布置照明，便于分期实施。但其占地多，投资大，分隔带不仅占用了一定的道路用地，同时也限制了车行道的相互调剂。适用于道路红线宽度较宽（一般在40m以上）、机动车交通量大、车速高、非机动车多的主要干道。

④四幅路。四幅路不但将机动车和非机动车分开，还将对向行驶的机动车分开，安全和车速较三幅路更为有利。其适用于机动车辆车速较高，各方向有两条机动车道以上，非机动车多的快速路与主干道。

根据我国各地的使用经验，人们认为三幅路和一幅路形式的横断面使用效果较好。三幅路优点居多，在条件具备的城市道路上宜优先考虑采用。但在近期，一块板形式的应用还很广泛，以后其视需要可过渡到三块板。两块板形式虽然也有一定优点，但在我国目前的城市道路上弊病较多，一般不适合使用在市区干道上。通常在交通量比较小的次要道路或者是郊区道路上使用的较多。考虑到行车安全和车速，四幅路形式是最合适的，但是因为此类型的断面形式需要的土地面积比较大，一般很难在城市道路上进行设置，所以在城市当中，尤其是建筑较多、道路较窄的中心区域更是无法实现。根据上述的情况分析我们可知，这4种横断面形式都有着自身的优点特长及适用条件，因此在进行选择的时候需要根据具体情况和经济来进行选择。

第二节　城市道路平面设计

城市道路平面设计的重点是研究汽车行驶与道路平面各个几何元素的关系，以保证在设计车速、设计交通量及地形和其他自然条件下的行车安全、经济，旅客舒适和路容美观。

一、平面设计概述

(一)平面设计的原则

平面设计的原则如下。

①平面设计需要满足城市道路功能及规划需求,并且还要考虑土地情况、环境情况、文物保护与征地拆迁等。

②平面设计还要结合上地形特征、气候、地质水文及地下排水等,并且还要满足道路的相应指标,还要和附件的环境相对应,要有比较均衡的线形连续。

③平面线形应满足车辆行驶轨迹的要求。

满足车辆的行驶轨迹是平面设计中最重要的内容,想要让行车更加的安全和顺畅,就需要将平面线形和行驶轨迹变得相互接近才可以。运动中的汽车轨迹可以有三点特征:第一,它的轨迹相互连续,每一个点都没有任何弯折;第二,曲率也不间断,在轨迹上不会有第二个曲率值出现;第三,曲率的变化率也不会间断,在轨迹上所有的点都不会有第二个变化率出现。

在常见的几何线形中,直线是曲率为零的线形,圆曲线是曲率为常数的线形,回旋线是曲率为连续变化的线形。因此,满足上述车辆行驶轨迹的几何线形包括直线、圆曲线、回旋线等,但是当其连接、组合时,在连接点处,几何性质的特征:第一,当直线、圆曲线、回旋线、高次曲线两两相接,但不相切时,不能满足车辆运行轨迹是连续的、圆滑的要求;第二,当直线与圆曲线连接且相切时,能满足车辆运行轨迹是连续的、圆滑的要求,但不满足线形曲率是连续的要求;第三,当直线与回旋线、圆曲线与回旋线连接且相切时,能满足车辆运行轨迹是连续的、圆滑的要求,也能满足线形曲率及曲率变化是连续的要求。

(二)平面线形设计的内容与目标

平面线形设计的内容:①直线的设计要素包括长直线和短直线的长度合理确定;②曲线设计的设计要素包括圆曲线的最小半径、缓和曲线的长度、曲线的超高与过渡、车辆转弯的路面加宽;③曲线几何要素计算及里程桩号敷设;④平面线形的组合设计;⑤车辆转弯的视距设计及保证。

平面线形设计的目标就是通过合理设计平面线形要素,设计一条能够满足车辆行驶轨迹和驾驶员视距及心理需求的平面线形。该线形能符合各级道路的技术指标、城市路网规划、道路红线、道路功能的要求,并应综合考虑土地利用、文物保护、环境景观、征地拆迁、地形地物、地质水文、地域气候、地下管线、

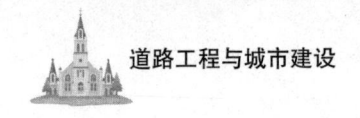

排水等因素，其可与周围环境相协调，线形连续与均衡。

（三）平面线形要素及其特点

由于两点间直线最短，其能以最短的距离连接两个控制点，因此直线可以作为城市道路平面线形的基本要素之一；当路线受地形和建筑物等影响而发生转折时，圆曲线即可满足车辆转弯的要求；在直线与圆曲线之间或不同半径的两圆曲线之间插入的回旋线，可以保证线形曲率连续变化及行车安全舒适，回旋线起缓和线形曲率变化和超高渐变过渡的作用，因此回旋线也可以被称为缓和曲线。

根据城市道路平面设计的基本要求，平面线形三要素可由直线、圆曲线和缓和曲线构成。但并不是所有的线路都由这3种线形构成，如低速道路上，为简化设计，可只使用直线和圆曲线两种要素。只要各种要素使用合理、配置得当，均可满足汽车行驶要求。

1. 直线的主要特点

直线是城市道路最基本的线形要素之一，使用最为广泛，直线的优点主要包括：①两点间直线最短，用直线连接两个控制点，可以缩短里程；②直线线形简单，两点可以确定一条直线，现场容易布设；③在美学上直线道路给人以短捷、直达的良好印象；④汽车在直线行驶时受力简单，方向明确，驾驶操作简易。

但是城市直线道路也有不足，如在山区城市地形起伏时，直线特别是长直线难以与地形及周围环境相协调，采用长直线会破坏自然景观，容易造成深挖高填，增加工程量和造价。

2. 圆曲线的主要特点

圆曲线也是城市道路最基本的平面线形要素之一，各级城市道路，不论转角大小均应设置圆曲线。圆曲线主要优点包括：①任一点曲率半径为常数，故测设简单；②能较好地适应地形变化，适用范围较广且灵活；③较大半径的圆曲线线形美观、顺畅、行车舒适。

圆曲线的缺点主要包括：①车辆在圆曲线行驶时受到离心力影响，高速行驶的车辆会产生横向行驶稳定性问题；②汽车在圆曲线行驶比直线段多占用车道宽度，因此小半径曲线车道需要加宽；③圆曲线半径较小、中心角过大时，驾驶员视线受到内侧路堑边坡或其他障碍物影响，视距条件差，会影响行车安全。

3. 缓和曲线的主要特点

①缓和曲线可以让离心加速度慢慢发生改变，以此来满足旅客舒适度。当汽车在马路上行驶的时候，汽车是没有离心力作用的，但是当汽车行驶在曲线的时候，却会产生离心力，此时离心率是和曲率呈正相关的。汽车在进入圆曲线的时候，因为曲率发生了改变所以造成了离心力变化，这样会对旅客造成一定的冲击力，因而造成不适感。如果行驶于弯道中的汽车，产生的离心加速度是逐渐变化的，会使旅客感到舒适。因此在曲率不同的两条曲线间设置一条过渡性曲线，即缓和曲线，可以缓和离心加速度的突变。

②超高加宽开始发生改变，这样就会让行车变得非常平稳。由双坡断面开始行驶到单坡断面及从直线行驶到圆曲线上，通常都是根据缓和曲线来实现的。缓和曲线可以防止行驶中的车辆出现摇晃状态，还可以保证道路的美观性。

③能够和圆曲线相互搭配，让线条变得更加舒适。曲线是和直线相互连接在一起的，在连接的地方发生曲率变化，就会在视觉上造成不顺畅的感觉。设置缓和曲线后，可以改变直线和圆曲线直接相连的视觉上不平顺的感觉，使线形连续圆滑，增加线形美观，同时从外观上看也令人感到安全。

二、城市道路平面设计成果

城市道路平面设计成果包括相关设计图纸和设计表格，主要的设计图有路线平面设计图、道路平面布置图等；设计表有直线、曲线及转角表，路线交点坐标表，逐桩坐标表等。

（一）城市道路平面设计图

城市道路平面设计图分为两种不同的图式：①平面布置图可以使用地形图来画出，不管是在红线内还是外都可以不改动任何地形地物；②只将红线外的地物画出来，而红线内不用画出地形地物，只需要把车道线以及道路设施画出来即可。但是这两种图有各自优势，前者能够从设计图上看出道路及地形地物存在着怎样的联系，后者能够将道路设施的具体位置及尺寸非常清楚地展示出来。通常在进行方案研究的时候都会选择使用前者，后者用于技术设计。

1. 绘图比例尺与测绘范围

和公路相比，城市道路比较短并且宽，因此选择比例尺的时候都会大于公

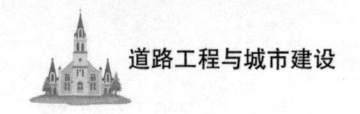

路。在进行设计的时候可以选择的比例为1:1 000～1:500。根据相关的道路等级来选择绘图范围，如果等级高的话那么所需要的范围也就更大一些，相反等级低就可以选择小一些的范围。一般来讲普通道路红线以外都是保留20～50m，中线保留50～150m，当然特殊道路要单独计算。

2. 城市道路平面设计图的主要内容

城市道路平面设计图的内容主要包括规划红线、中线、桩号、平曲线要素；道路路幅边线及各部分尺寸；平交路口、人行过街设施、公交车站位置及尺寸；立交的平面布置与尺寸；桥隧跨径、主要结构类型；附属构筑物的位置和主要尺寸；挪移杆线、文物和树木保护范围等。

3. 城市道路平面设计图的绘制方法

①绘制导线和道路中线。在开始绘制的时候，人们需要根据图幅的情况来进行布局设计，从而将坐标方格网画出来，一般所使用的尺寸都是5cm或10cm，并且需要保持图廓网格对角和导线点间长度不能超过0.5mm的误差。之后再根据导线点找出对应的X和Y之后画出。在画完导线图之后，还需要使用三棱尺核对每一个点之间的距离，再使用半圆仪计算每个角度。没有问题之后，根据逐桩坐标表给出的数据画出对应的曲线，然后再把每个点、千米桩及断链桩的位置标示出来。采取编号的方式，将地图上的起点和终点之间的距离标注出来。

②测量构造物。建筑物及构筑物都需要严格按照相关规范的要求来进行绘制和标示。例如，线状地物都需要经过实际测量来获取位置信息；对于高压线来说要测量出其到地面的高度，另外还需要将伏安标注出来；地下管线需要将位置进行具体地测量；道路需要根据实际情况进行测量。

③地形、地貌及植被等都需要经过仔细测量，然后使用国家规定的地形图式进行绘制和表示。

④道路红线划分的是道路用地和城市用地，总宽度指的就是红线之间宽度，因此画出道路中线的时候，也应该根据道路规划宽度来将红线绘出。若是出现了远近期的规划，那么也都需要将其标注出来。

⑤在平面设计图当中车道线是比较重要的绘制部分。里面包含了机动车道及非机动车道，其中还将机动车道进行了划分，一种是快车道，另一种是慢车道。所有的车道线都要把它们的位置还有宽度绘制在平面图里面，并且在绘制曲线部分的时候还需要根据圆曲线半径进行绘制。但绘制时需要注意的是每个车道之间的路缘带和分隔带。

⑥需要根据相关的设计要求画出人行道及交通安全岛。

⑦管线位置及排水设施等也应该在图中可以显示到，必要的时候还应该单独将排水管图进行绘制。

⑧虽然对于平面及立体交叉口有专门的图纸绘制，但是还是需要在平面设计图里面对其进行标注。

平面设计图地绘制，不但要注意以上几点，还需要将各个环节及细节部分单独绘制出局部大样图，并在空白的地方附上工程说明，如坐标系、工程范围等。

（二）直线、曲线及转角表

直线、曲线和转角表都可以将路线位置与平面线指标展示出来。而绘制逐桩坐标表也需要在直线、曲线和转角表完成之后进行，最后画出平面设计图，并且这个表中的数据还要在纵断面及横断面设计中被使用到。

（三）逐桩坐标表

逐桩坐标就是各个中桩的坐标，其计算和测量的方法是按照从整体到局部的原则进行的，步骤如下。

①计算导线点坐标：在进行平面路线控制测量时可采用导线测量的方法，在有条件时可优先采用GPS定位技术测量。

②计算交点坐标：当导线点精度满足要求时，可以导线点为依据在现场直接用全站仪测得路线各交点的坐标（直接定线），纸上定线的交点坐标可以在图纸上量取。

③计算各中桩坐标：可先计算直线和曲线主要点的坐标，然后计算缓和曲线、圆曲线上每个中桩的坐标。

（四）导线点成果表

导线点成果表反映了控制点的坐标和高程，是放样的基准。导线点在施工过程中最主要的作用就是利用导线点的坐标值，通过全站仪把图纸上的设计坐标放样到实际中去，这主要是因为设计与施工共用一个控制网。

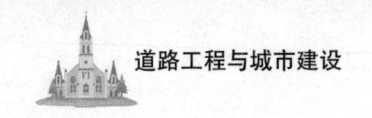

第三节　城市道路纵断面设计

一、纵断面设计概述

（一）纵断面设计任务与主要内容

把城市道路纵断面设计成果与平面设计图结合起来就能准确地确定出城市道路路幅中心线的空间位置。因此纵断面设计任务就是根据汽车的动力特性、道路等级、所在城市的自然地理条件及工程经济性等，研究起伏空间线几何构成的大小及长度，以便达到行车安全迅速、运输经济合理及乘客感觉舒适的目的。

纵断面设计内容主要包括：①机动车道最大和最小坡度设计；②机动车道最大和最小坡长设计，包括最大坡长和最小坡长的设计；③非机动车道纵坡的坡度和坡长设计；④竖曲线设计，包括竖曲线几何要素计算及竖曲线的高程设计；⑤平纵组合的类型及其设计方法等。

（二）纵断面设计要遵循的原则

①应综合考虑路网规划控制标高、道路净空、沿街建筑高程、地下管线布置、沿线地面排水等控制条件，兼顾汽车营运经济效益等因素影响，山地城市道路还需考虑土石方平衡、合理确定路面设计标高。城市道路的设计标高是指道路建成后的行车道中线路面高程或中央分隔带的中线高程。

②最大纵坡应综合考虑车辆的动力性能、道路等级、设计速度、地形条件等，要选用规范中的最大纵坡一般值。

③最小纵坡应能保证两侧街坊的雨水排向车行道两侧的雨水口并能防止管道淤塞。

④为避免陡坡与急弯组合对行车产生的不利影响，应对合成坡度进行控制。

⑤为保证汽车行驶平顺度和安全、乘坐舒适性、路容美观，纵坡坡长应保持一定的最小长度。

⑥为保证行车速度和车辆加、减速能力，纵坡坡长应根据设计车速、不同坡度进行限制。

⑦应根据城市交通组成特性，纵坡度与坡长应考虑自行车的爬坡能力。

⑧当汽车行驶在变坡点时，为保证视距并缓和车辆运动变化产生的冲击，在变坡点处必须插入竖曲线，竖曲线设计时应保证其不宜过短。

⑨为满足驾驶员的视觉连续性和心理舒适感，还有与周围环境相协调保证良好的排水条件，应进行平纵组合设计。

二、纵断面设计步骤与成果

（一）纵断面设计基本步骤

①准备阶段。纵坡设计（又称为拉坡）的图纸绘制，是以厘米为单位的，按比例对标高点绘地面线和程桩号进行标注，然后将相关内容填到对应处。此外，要熟悉和收集相关资料，仔细研究领会设计要求及意图。

②标注控制点。控制点，即标高控制点，如重要桥涵、路线终点和起点、沿溪线洪水位设计、平面交叉、隧道进出口、铁路道口、城镇规划标高、立体交叉点等，上述的路线设计，必须限制在标高控制点。山区城市道路还要根据路基填挖平衡关系控制路中心填挖值的标高点，成为"经济点"，使填挖面积大致相等。

③试坡。试坡建立在经济点和控制点的纵断面基础上，依托于选线意图、技术指标，根据地面起伏，以控制点为基础，以优先考虑多的经济点为原则，从这些点位间互相取直和穿插，从而确定若干直坡线，要反复比较可能出现的坡度线方案，最后确定出既满足要求，又符合技术标准的方案，同时要将初定坡度线设计为土石方，寻找前后坡度线的变坡点，确定初步的位置。

④调整。工作人员要检查最大纵坡、最小纵坡、坡长设计值是否满足《城市道路工程设计规范》（CJJ 37—2012）要求；平、纵组合是否适当和满足《城市道路工程设计规范》（CJJ 37—2012）要求；路线交叉、桥隧和连接线等处的纵坡是否合理。若有问题，应对初定坡度线用平抬、平降、延伸、缩短或改变坡度值等方法进行调整。

⑤定坡。经调整核对无误后，逐段把直坡线的坡度值、变坡点桩号和标高确定下来。坡度值要求取值到千分之一，即0.1%；变坡点一般要调整到10m的整桩号上，相邻变坡点桩号之差为坡长，变坡点标高由纵坡度和坡长依次推算而得。

⑥设置竖曲线。根据技术标准、平纵组合均衡等确定竖曲线半径，计算竖曲线要素，设置竖曲线。需要指出的是，大、中桥上不宜设置竖曲线，桥头两端竖曲线的起、终点应设置在距离桥头10m以外的地方；平面交叉口一般宜设

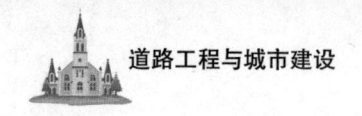

在水平坡段，其长度应不小于最短坡长规定，两端接线纵坡应不大于3%。

（二）纵断面设计主要成果

纵断面设计成果主要包括纵断面设计图、路基设计表和纵坡竖曲线表。

1. 纵断面设计图

纵断面设计图是道路设计的重要文件之一，反映了路线地面起伏情况、路线起伏及各个桩号的填挖高度。

城市道路纵断面设计，通常采取纵断面设计图的形式。纵断面设计图由两条主线构成，一条是设计线，是由经济、技术和美学等诸多领域经相互比较后，共同确定的有鲜明规则形状特征的一条几何线，可以准确地反映出道路的变化起伏特征；另一条是地面线，表示道路中线地面的起伏变化。纵断面线形与平面线形组合起来，可以反映道路中线在空间的具体位置。

纵断面设计图的内容主要包括：①地面线与高程，设计路面线与高程、坡度、坡长、变坡点、平曲线、竖曲线等要素；②相交道路及桥隧的中线位置、跨径、结构形式及高程；③重要交叉管线位置、管径、高程等；④立交设计的匝道纵断设计图；⑤在市区主干道的纵断面图上，还应该标注出相交道路的路名与交叉口的交点坐标及街坊与主要建筑物的出入口标高等；⑥当设计纵坡i小于0.3%时，道路两侧街沟应进行锯齿形街沟设计，以满足排水要求，并分别算出雨水进水口和分水点的设计标高，注在相应的图栏内；⑦纵断面设计图采用直角坐标，横坐标表示里程桩号，纵坐标表示高程，城市道路横坐标比例尺采用1：1 000～1：500，纵坐标采用1：100～1：50。

2. 路基设计表和纵坡竖曲线表

路基设计表是同时反映了平、纵、横三方面的设计指标，表中填写了路线平、纵面等主要测量与设计资料；里程桩号；填、挖宽度（包括加宽）；超高值等内容，是路基施工的依据之一。

纵坡竖曲线表包括路线纵断面各变坡点的桩号与高程、各直坡段的坡度与坡长、各竖曲线的半径。

第四节　城市道路交叉口设计

一、交叉口设计概述

城市道路网络是一个复杂的系统，主要由路段和交叉口构成。交叉口是城市道路网的咽喉，也是交通堵塞和事故的多发地，是这一复杂系统的瓶颈部位。在平面交叉口上，不同方向的车流和行人互相影响干扰，不但会降低车辆车速、阻滞交通、降低通行能力，而且容易发生交通事故。因此，如何科学、合理地设计交叉口，对提高交叉口通行能力，提高运输效率，减少交通事故，均具有十分重要的意义。

（一）平面交叉口的组成部分

在平面交叉口中，相交道路共同的部分被称为交叉口；交叉口紧连的出入口道路被称为交叉连接段；在交叉口连接段中另外设置供转弯车辆行驶的车道被称为附加车道；另外设计者在平面交叉口还设置了交通岛等交通设施。

（二）平面交叉口的设计的规定和任务

交叉口设计一般具有如下要求：①应确保道路交通安全，有利于交叉口的车流畅通、有序，同时兼顾景观；②应满足所有交通出行者的需求，要充分考虑其他交通方式和机动车地衔接；③合理规划其建设规模，采取远期、近期相结合的方式进行分期建设；④要兼顾几何设计、交通组织、交通工程设施，还有交通管理方式等内容；⑤在本交叉口流向、流量基础上，还应注意相关和相邻的交叉口对其带来的影响；⑥改建设计，必须结合原有的交叉口，再确定改建方案。

交叉口设计的主要任务：①交叉口形式分析和选择；②交叉口平面设计，确定设计范围，合理确定各组成部分的几何尺寸；③交叉口立面设计，科学计算交叉口标高，布置雨水口和排水设施；④交通组织设计，如设置必要的交通安全设施，合理布设交通岛和人行横道等。

（三）平面交叉口设计要遵循的原则

①城市道路与道路交叉分为平面交叉和立体交叉两种，选择何种方式应根据技术、经济及环境效益地分析，合理确定。城市道路除了快速路全部采用立

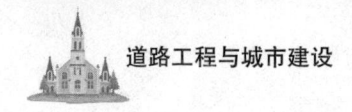

体交叉外，主干道以下可尽量采用平面交叉。

②城市道路平面交叉的形式应根据相交道路的功能、等级、交通量、设计速度、交通管理方式、用地条件和工程造价等因素而确定。交叉口道路相交时宜采用正交，必须斜交时交叉角应大于或等于45°，不宜采用错位交叉、多路交叉和畸形交叉。

③城市道路平面交叉口的规划设计、工程设计、管理控制设计是互为关联的3个设计阶段，应统筹安排，互为关照，做到规划、设计、管理控制三结合。平面交叉几何设计应结合交通管理方式并考虑相关设施地布置。

④城市道路的交叉口，不仅需要具备交通功能的基本要求，还要为各类市政管线安装建设起到很好的辅助作用，并且要建设街道景观，此外还要考虑维护、建设，还有管理的成本，尽可能在保证质量的前提下节约资金，要坚持环境效益、社会效益和经济效益相统一。

⑤城市道路平面交叉范围内相交道路线形的技术标准应能满足视距的要求。平面交叉设计应以预测的交通量为基础依据，设计所采用的交通量应为左转弯、右转弯和直行等不同方向的设计小时交通量。

⑥城市道路交叉口的设计速度是交叉口几何尺寸设计的依据。交叉口的缘石半径、交通岛、附加车道及行车视距等均取决于设计速度。而交叉口设计速度与路段设计速度密切相关，两者相差大时会因减速过大而影响行车安全，相差小但路段车速高时仍有行车危险。

⑦城市道路平面交叉口的竖向设计应符合行车舒适、排水迅速和美观的要求。立体交叉的标高应与周围建筑物标高协调，便于布设地上杆线和地下管线，并宜采用自流排水，减少泵站设置。

⑧确定城市道路平面交叉口的位置，应结合路网规划、城市规模、道路类型及城市具体区域等因素。需要注意的是各条干路进出口道总长度、交叉口的间距，最小的间距不能小于车辆变换车道，还要考虑等红灯车辆最大排队情况下的长度。

⑨城市道路平面交叉口路口，需要处理好机动车的交通问题，也要处理好非机动车的交通和行人出行的问题，要注重人性化设计，为出行不便的群体提供良好的出行条件。

二、平面交叉口的规划设计

（一）城市道路平面交叉口规划原则

平面交叉口是机动车流、非机动车流和行人流交汇的地点，是城市道路的咽喉，在很大程度上决定着城市道路系统的服务水平和功能。为使城市道路交叉口成为交通组织、分流车流、确保安全和城市景观的设施，在进行城市道路交叉口平面规划时，应当遵循以下原则。

①在外界条件允许的情况下，交叉口各种机动车行车路线的交叉点，彼此都尽可能离远，以提高交通安全性。

②交叉口的平面规划要保证车辆驾驶员的视线开阔、视野清晰，并明确地划分出汽车的行车路线，还要保证高等级道路或重要道路上有优先行车条件，使行驶的车辆速度尽量少变化。

③交叉口的平面规划应当让通过交叉口的驾驶员，从两种可能的行车方向中随时都处于能选定一种方向的状态。设置各种分隔岛及路面画线，都应当按照驾驶员视力识别方向原则提示必要的行车方向。

④交叉口的方向岛和分界线，应当划分出快速交通流、过境交通流和转弯交通流。其中每一条车流都应划分出独立的车道，以保证交通流可以正确和有组织地通过交通交叉口，从而顺利地分流和合流。

⑤方向岛及分隔带应将转弯的车辆隔开，以免与邻近车道直行方向行驶的车辆相混。从主要道路过渡到次要道路的车道，要保证能使车辆逐渐降低速度。为此，根据半径逐渐减小的缓和曲线，最好根据制动曲线合理的设计车道。

（二）城市道路平面交叉口形式的分类

平面交叉口形式多样，从不同的分类角度出发，可以形成不同的分类体系。

1. 根据交叉口的交通组织划分

在《城市道路工程设计规范》（CJJ 37—2012）中，根据交叉口的交通组织将平面交叉口分为平 A 类、平 B 类和平 C 类 3 种。

①平 A 类：信号控制交叉口。

平 A_1 类：交通信号控制，进出口道展宽交叉口。

平 A_2 类：交通信号控制，进出口道不展宽交叉口。

②平 B 类：无信号控制交叉口。

平 B_1 类：支路只准右转通行的交叉口。

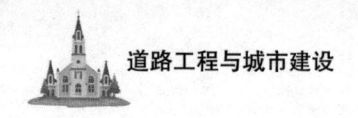

平 B_2 类：减速让行或停车让行标志管制交叉口。

平 B_3 类：全无管制交叉口。

③平 C 类：环形交叉口。

2. 根据交叉口的几何形状划分

按交叉口的几何形状划分，常见的交叉口形式有十字形；T 形及其演变而来的 X 形、Y 形及错位交叉；多路交叉；畸形交叉和环形交叉口等，如图 2-1 所示。

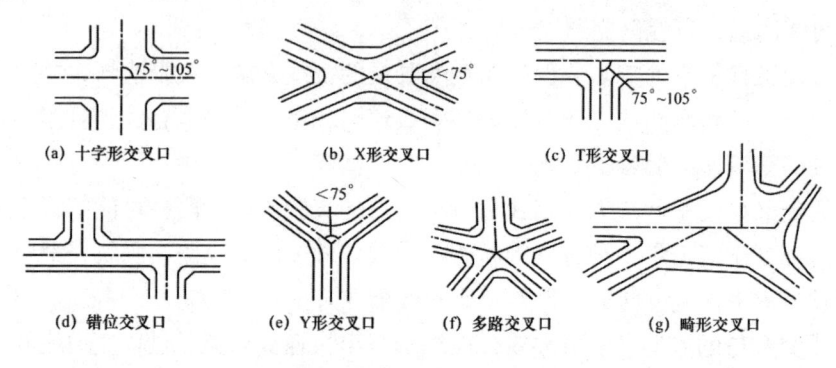

(a) 十字形交叉口　(b) X 形交叉口　(c) T 形交叉口

(d) 错位交叉口　(e) Y 形交叉口　(f) 多路交叉口　(g) 畸形交叉口

图 2-1 平面交叉口的形式

①十字形交叉口是 4 条道路相交，交角为 75°～105°。这种交叉口形式简单，交通组织方便，街角建筑易于处理，适用范围广，是最基本的交叉口形式，如图 2-1（a）所示。

②X 形交叉口为 4 条道路相交，交角大于 105°或小于 75°的交叉口，如图 2-1（b）所示。

③T 形交叉口是三路相交，直行方向的交角为 75°～105°。这种形式的交叉口适用于主、次道的交叉，主要道路应设在直行方向。特殊情况下，如尽头式干道与另一主干道相交时也可设置为 T 形交叉口，如图 2-1（c）所示。

④错位交叉口即为两个错开的 T 字形交叉口。其由于车辆交织行驶长度不够，而使进出交叉口的车辆不能顺利行驶，因而影响了主干道的直行交通流的安全性和连续性，如图 2-1（d）所示。

⑤Y 形交叉口为三路相交、直行方向的交角为小于 75°或大于 105°的交叉口。Y 字形交叉在交角较小的时候对交通不利，而且锐角街口处的通视条件不好，如图 2-1（e）所示。

⑥多路交叉口即为 5 条或 5 条以上道路相交于一点所形成的交叉，随着相

交道路条数的增加，冲突点的数量也大量地增加，对行车和安全不利，如图2-1（f）所示。

⑦畸形交叉口即为多路相交但不交于一点的不规则的交叉口，此种交叉口冲突点数量大，视距条件不好，交通运行复杂，应尽量避免，如图2-1（g）所示。

3.根据交叉口渠化交通类型分类

城市道路平面交叉口，根据平面图，其可以分为A型——简单平面交叉口；B型——画线式渠化展宽平面交叉口；C型——蝶形交通岛式渠化展宽平面交叉口，简称岛形渠化平面交叉口；D型——环形交通岛式渠化平面交叉口，简称环形平面交叉口；E型——主路设中央分隔带的远引式平面交叉口；F型——主路上跨式立交桥下（或主路下穿式立交桥上）的渠化平面交叉口。

（三）平面交叉口形式地选择和改建

交叉口形式改建与选择涉及众多方面，如交通量、交叉口现状、地形地物、交通组成及道路用地等，要结合实际情况进行具体分析，从多个角度出发，设计出不同方案，加以比较，最终确定最适合的方案。改建和选择交叉口，其目的是消除或减少冲突点，加强交叉口的车辆及行人的通行能力。通常平面交叉口改建和选择，按照如下的要求进行。

①形式要简单，相交道路的条数要少，尽可能选用正交或接近90°的十字交叉。

②尽量使相邻交叉口直通。一般情况下，干道与干道相交不宜选用T形交叉口。除非在市区，因受地物条件限制（如道路沿河流、城墙、铁路等）必须布设T形交叉口。虽然T形交叉口的形式简单，但其容易造成干道网东西向或南北向的道路不能直通，从而影响交通。

③交叉道路应避免锐角相交，尽量以近似于的角度90°相交。

（四）平面交叉口间距的确定

合理确定交叉口间距，是交叉口规划设计的重要内容，交叉口间距不宜过大或过小。如果交叉口间距大、交叉口数量少，交通干扰小，则有利于提高车速及通行能力；但交叉口间距过大，不利于车流的汇合转向，行车方便性会大大降低，交叉口间距过小，则会造成交通干扰大，影响行车速度和交通安全。因此，在确定交叉口的最小间距时，应综合考虑多方面的因素。一般情况下主要考虑以下几方面的要求：①城市道路平面交叉口间距应根据城市规模、路网规划、道路类型及其在城市中的区域位置综合考虑而定，如干路交叉口间距宜

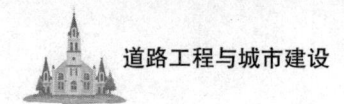

大致相等；②城市道路的交叉口之间，如果存在交织和超车，应保证具有足够的安全交织和超车距离；③应当保证车辆在通过交叉口时，不受前面交叉口处等待的最大候车车辆干扰；④在车速较高的道路上，为确保行车安全，交叉口的间距还应使驾驶员在专心通过交叉口的时候，不需要分心同时观察前方交叉口的交通情况。

第三章 路基与路面设计、施工与养护

城市道路是一个城市发展所必不可少的要素之一，流畅而安全的城市道路更是城市发展的重要前提，因此城市公路设计、施工与养护就成为城市所关注的首要目标。本章将围绕城市路基设计与施工、城市路面设计与施工、城市道路工程改扩建设计要点及城市路基路面的养护与管理展开论述。

第一节 城市路基设计与施工

一、路基土的类型

路基的强度和稳定性在很大程度上与路基的湿度及大气温度引起的路基的水温状况有关系，路基的湿度还直接影响了路面结构层选择和厚度确定。《城市道路工程设计规范》（CJJ 37—2012）规定："道路路基应处于干燥或中湿状态，对潮湿或过湿路基，必须采取措施改善其湿度状况或适当提高路基回弹模量。"

路基按土的干湿状态不同，可分为干燥、中湿、潮湿和过湿四种类型。为了保证路基路面结构的稳定性，一般工程要求路基处于干燥或中湿状态，过湿状态的路基必须经过处理方可铺筑路面。影响路基土湿度的因素包括大气降水、地面水及地下水等。此外，毛细水、水蒸气凝结水等也会影响路基的湿度，其影响程度随当地自然和气候条件及所采取的工程措施等而不同。

《城市道路工程设计规范》（CJJ 37—2012）对路基干湿类型的确定方法有以下规定。

①路基干湿类型应根据不利季节路床顶面以下 80cm 深度内路基土的湿度状况确定。

②对新建道路，路基湿度状况可以根据当地的实际条件，结合路基土的类

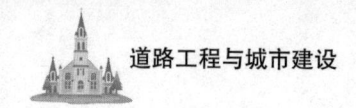

型，由基质吸力进行预估。基质吸力是指在路基土中，孔隙气压力与孔隙水压力不相等，并且孔隙气压力大于孔隙水压力，孔隙气压力与孔隙水压力之差就是基质吸力。

具体来说，路基土的湿度可以根据实测在最不利季节路床顶面以下 80cm 深度内土的平均稠度划分。

$$\omega_c = \frac{\omega_L - \omega}{\omega_L - \omega_P} \tag{3-1}$$

式中：ω_c——土的平均稠度（%）；
　　　ω_L——土的液限含水率（%）；
　　　ω_P——土的塑限含水率（%）；
　　　ω——土的平均含水率（%）。

土的平均稠度准确表示了土的各种形态与湿度的关系，稠度指标综合了土的塑限、液限，全面且直观地反映了土的软硬程度，物理概念明确。

二、路基土的强度指标分析

路基是指路面起到支撑的部分。行驶的车轮产生的作用力，通过路面结构传导进入路基，因此路基土的应变特性会给路面结构与路基的整体刚度和强度带来很大影响。路面结构遭到破坏，除去路面自身的原因，路基变形是主要的因素之一。它主要包括塑性变形与弹性变形两种。研究表明：由路基变形导致的路面破坏高达 70%～95%，由此可知，加强路基土的抗变形能力是提高路面结构和路基整体刚度与强度的关键。

（一）路基的受力

路基所承受的荷载主要包括路基土体自重和车轮荷载的反复作用，如图 3-1 所示，图示为路基应力在外载作用下沿路基深度方向的变化。随着深度地增加，土体所受到的自重应力大小呈线性增加，而车辆荷载应力随着深度的增加而减小。

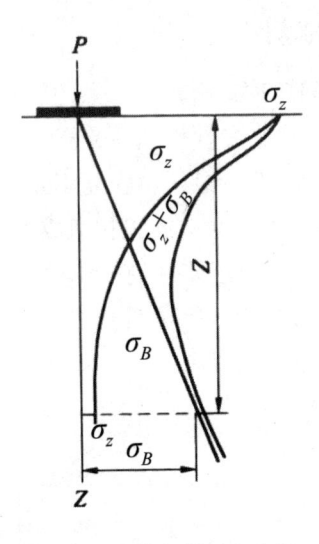

图 3-1 路基土的受力分析

由图 3-1 可知，在路基某一深度处，当车轮荷载引起的垂直应力和土基自重引起的垂直应力相比很小，仅为 1/10 ~ 1/5 时，在这个范围内路基土受到土体自重和车轮荷载的共同作用；在这个范围以外对路基土人们可近似地认为其只受到土体自重的作用，车轮荷载对路基土的影响可以忽略不计。该深度为 0.9 ~ 2.4m，该深度范围被称为路基的工作区。

$$Z_a = \sqrt{\frac{knp}{\gamma}} \qquad (3\text{-}2)$$

式中：Z_a——路基工作区深度（m）；

p——车轮荷载（kN）；

n——其值为 $\frac{1}{10} - \frac{1}{5}$，系数；

k——其值为 0.5，系数；

γ——路基土容重（kN/m³）。

由图 3-1 和式（3-2）可知：①路基的工作区随着车辆荷载地加大而加深；②在工作区内，路基的强度和稳定性对保证路面结构和稳定性非常重要，对工作区深度范围内土质选择与路基的压实度提出了更高的要求；③在工作区以外，路基只受到路基自重的影响。

（二）路基土变形的特性

土基在受力时的变形特性如图 3-2 所示，其应力-应变关系呈现明显的非线性变形特征，这是由土的非线性性质决定的。室内三轴试验表明，土的应力-应变关系曲线在应力卸去后，试样也恢复不到原先的形状，如图 3-2 所示，这是因为土在受力后，改变了其原有的三相组成，土颗粒产生了相对位移，并有气体溢出，由此而引起变形，变形中有一部分是属于不可恢复的残余变形。由此说明，土在受力变形过程中，除了具有非线性性质外，还具有塑性性质。由图 3-2 我们可以看出，当荷载解除，应力恢复到 O 点时，曲线由 A 回到 B，OB 即为残余变形，又称塑性变形。

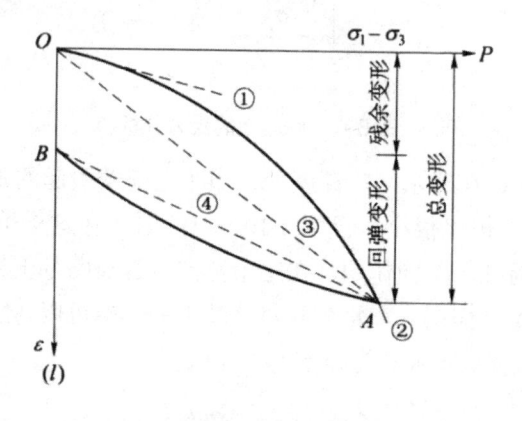

图 3-2　土的应力 – 应变关系

评定土基的应力-应变状态及设计路面结构时，可用模量值 E 来表征。模量值 E 按图 3-2 的应力-应变曲线上应力取值的方法不同而被赋以不同的模量定义。

①割线模量，它是某一应力相应的曲线上的点同起始点相连的割线的斜率，其用来反映土基在工作应力范围内的应力-应变的平均状态（图 3-2 中③线）；

②回弹模量，应力卸除阶段应力-应变曲线的割线模量（图 3-2 中④线）。

其中割线模量常用于路基沉降计算，回弹模量是路面结构分析中一项常用的常数。路基回弹模量是路面厚度计算中唯一的路基参数，极其重要。《城市道路工程设计规范》（CJJ 37—2012）规定："快速路和主干路路基顶面设计回弹模量值不应小于 30MPa；次干路和支路不应小于 20MPa；当不满足上述要求时，应采取措施提高回弹模量。"

（三）回弹模量

目前世界各国在路面力学计算中采用的模型主要是弹性半空间体地基模型和文克勒地基模型两种，在评定路基的强度和设计路面时人们通常将土基看作均质的半空间弹性体，采用反映土基应力-应变特征的弹性模量 E 和泊松比 μ_0 为土基的强度指标。图3-3和式（3-3）为采用承载板试验来确定路基的回弹模量。

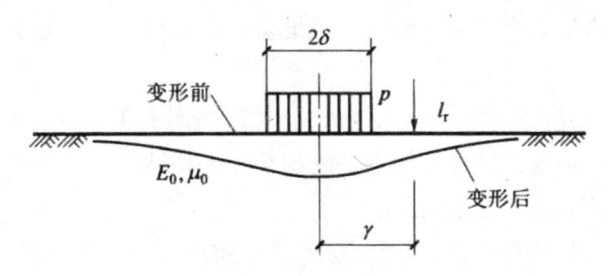

图 3-3 压入承载板试验

$$E_0 = \frac{2p\delta(1-\mu_0^2)}{l_r} a \qquad (3-3)$$

式中：p——圆形均布荷载（MPa）；

δ——圆形均布荷载作用面积的半径（m）；

E_0——路基的回弹模量（MPa）；

l_r——承载板的挠度（m）；

a——弯沉系数；

μ_0——土的泊松比，一般取 0.35。

三、路基土压实

土是由土颗粒、土颗粒之间的孔隙中所包含的水和空气组成的三相体。在路基施工过程中，土的原始天然结构被破坏，为了使路基具有足够的强度和稳定性，就必须进行人工压实使土颗粒重新排列，互相靠近，使小颗粒填充于大颗粒土之间的孔隙中，从而挤出孔隙中的空气，降低土体孔隙率，提高土的密实度，增加土的内摩擦力黏聚力。因此，通过压实的方式，能降低路基土的土体透水性，强化土体密实度，有效防止毛细水上升过高，能阻止水分侵蚀和聚集，造成冻胀或者土基软化带来的变形。因此，它是确保顺利进行路基施工的重要环节，能够保障路基的稳定性和强度，确保路面正常工作。

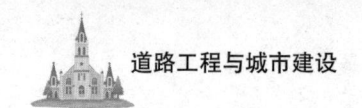

（一）填充材料地选择

路基土按照有机质含量多少，划分成有机土和无机土两大类。无机土按照颗粒直径大小划分为巨粒土、粗粒土和细粒土3类。

理想的路堤填充材料应该是稳定性好、压缩性小的材料。砾石、不容易风化的石块是最好的填充材料；碎（砾）石土和沙性土是良好的填充材料；黏性土不是理想的路基填充材料；粉性土是最差的填充材料；重黏土一般不用作筑路材料。

①路床填料最大粒径应小于100mm，路床顶面横坡应与路拱横坡一致。

②建设填方路基，宜选择级配高的粗粒土，如沙类土、砾类土等，通常填充材料粒的直径不能大于150mm。

③淤泥、泥炭、强膨胀土、冻土、易溶盐，还有有机土等，不能超过限制含量，否则就不能用于填筑路基。同时，冰冻区域中，路床和路堤中存在的浸水部分不能用粉质土直接进行填筑。此外，塑性指数在26以上，液限高于50%的细粒土，不能直接作为路堤填料。

（二）路基土的压实设计与施工

1. 路基土压实指标与标准

通常采用干密度作为表征路基密实度的指标，路基的压实程度通常用压实度表示。压实度是指压实后土的干密度和该种土室内标准击实试验下所得的最大干密度之比。

$$K = \frac{\delta}{\delta_0} \tag{3-4}$$

式中：K——压实度；

δ——工地式样的干密度（g/cm³）；

δ_0——击实试验得到试样的最大干密度（g/cm³）。

确定路基压实度应该根据气候条件、水温、道路等级和路面类型等情况进行确定。道路等级越高，压实度要求越高，路基上部压实度比路基下部高。在路基压实过程中只有达到规定的压实度，才能保证路基的强度和稳定性。

2. 影响路基压实效果的主要因素

影响路基压实效果的因素包括内因和外因两个方面，内因主要是含水量和土的性质，外因包括压实功能、压实机具和压实方法等。

①含水量。含水量是影响土体压实效果的决定性因素。在最佳含水量的条

件下，土体处于硬塑状态，容易获得最佳的压实效果，强度相对较高，水稳定性最好。土的干密度随含水量地增加而增加，当含水量达到一特定值时，土的干密度达到最大。干密度达到最大后，随着含水量继续增加，土中的孔隙更多地被水所占据，压实时水的体积不能被压缩，而其密度又小于土颗粒密度，因此土的干密度随着含水量的增加而减小。最佳含水量是指在一定的压实条件下，可以使土体达到最大的干密度时的含水量。实践表明，在最佳含水量时压实到最大干密度的土体，在遇水饱和后其密度和强度下降的幅度最小，其水稳性最好。同时最大干密度时的土体空隙率最小，因此吸水量最小，密实度下降也最少。

②土的性质。不同性质的土对压实效果也有很大影响。土质不同，最佳含水量和最大干密度也不同，分散性（液限、黏性）较高的土，其最佳含水量较高，干密度较低。沙性土的压实效果优于黏性土，其主要原因是黏性土较细，表面积较大，土颗粒表面水膜所需的湿度较大；沙性土颗粒较大，呈松散状，水分易散失。

③压实功能和时间。压实功能指压实作用的大小，如压实机具的重量、碾压次数、落锤高度、作用时间等。研究结果表明，同一种土，随着压实功能增大，土的干密度提高，最佳含水量逐渐减小。因此，在实际工程中可以增加压实功能来提高路基强度，降低最佳含水量；压实时荷载作用时间越长，土的密实度越大，压实效果越好。但压实功能和压实时间提高到一定程度时，压实效果地提高将变得缓慢，甚至会破坏路基结构，在经济效益和施工组织上也不尽合理。因此，严格控制最佳含水量比增加压实功能的效果要好很多。

④压实工具。不同压实工具的压力作用影响深度不同，因此压实效果也不同。通常夯击式机具作用深度最大，振动式次之，静力碾压式最浅。

《城市道路工程设计规范》（CJJ 37—2012）规定城市道路路基的压实应采用重型压实标准。对于处在特殊气候地区，或者存在重要管线需要保护的路基，如标准实施确有困难，条文规定，在不影响路基基本性能的前提下，本着可靠、可行、经济的原则，可适当放宽重型击实的标准。

专用非机动车道和人行道的路基荷载水平相对较低，故压实度标准可按机动车道降低一个等级执行，但必须避免不同部位压实差异可能造成的稳定性隐患及不均匀变形。

对于零填方，挖方及填方高度小于80cm的路段，在整个路床（0～80cm）范围内要按照一个标准来控制压实时，可能操作难度大或者不经济。考虑到车辆荷载沿路基深度的分布特征，可以采用"过渡性压实"的方法来控制不同深度的路基压实，下路床部分的压实标准较上路床部分可略有降低。

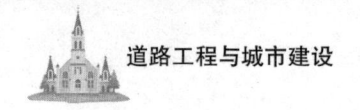

四、路基断面形式的设计分析

按照路基挖填条件不同，常见的城市道路路基横断面形式可分为路堤、路堑和半挖半填3种类型。其断面由路基宽度、边坡、路基高度、排水结构（边沟、排水沟、截水沟等）及支护结构等部分组成。

路堤是指路基顶面高于原地面的填方路基。填方路基包括路床和路堤两部分。路床是指路面以下80cm范围内的路基部分，其分为上路床（0～30cm）和下路床（30～80cm）两部分。路堤是指路面以下80cm至地基范围内的路基部分，路面底下80～150cm范围内的填方部分为上路堤，上路堤以下的填方部分为下路堤。

路堑是指路基顶面低于原地面的挖方路基。路堑是从天然地面开挖而成的路基结构物，开挖破坏了原地面层的天然平衡状态，因此路堑设计的中心问题是结构的整体稳定性。

半挖半填路基是路堤和路堑的综合形式，横断面上部分为挖方部分，下部分为填方的路基，一般常用于丘陵区路段及地面横坡较陡的路段。通常路中心线的设计标高接近原地面标高，可减小土石方数量，保持土石方数量的横向挖填平衡，半挖半填路基是一种比较经济的断面形式。

①路基的宽度。路基宽度为道路两侧路肩外边缘之间的宽度，是中间带、行车道、侧分带、路肩等宽度的总和。路基宽度应按道路等级、服务功能、交通特性，结合各种控制条件，在规划红线宽度范围内合理布设。道路占地必须综合规划、统筹兼顾，讲究经济效益，减少高填深挖，加强路基绿化美化。

②路基的高度。路基的高度由路面结构厚度、路堤填筑高度及路堑开挖深度组成。换言之，它就是路基设计的标高和桩原地面的标高之间的差距，又被称为施工高度或者是路基挖填高度。路基设计需要满足以下几个要求：第一，路基的高度要以路肩边缘处高度为准；第二，考虑到毛细水位的上升因素，路基土应高于最高水位；第三，要具备抗冰冻的相关要求；第四，对于浸水路段和沿河路基，边缘标高要高于壅水高、洪水频率的水位，还有安全高度0.5m和波浪侵袭高度。因此，要结合实际施工中沿线的情况、路基临界高度，还有防护和排水措施，确定最低的路基高度。此外，要确保路基始终处于中湿或干燥状态。

③路基的边坡。路基的边坡一般用边坡高度和边坡的宽度之比来表示，既$1:b/H=1:m$，该比值被称为边坡坡率。路基边坡的设计是路基设计的重要任务，其取值大小直接影响了路基的填挖工程量与稳定性。

④路堤边坡。要确定其坡度，需要结合气候条件、水文地质、填料性质、基底的工程地质、边坡高度等条件。在路堤基底状态良好的条件下，按照规范操作确定路堤边坡坡度，对于高路堤的情况，还要计算边坡稳定数据。

⑤路堑边坡。确保其稳定性，还要参考当地水文地质、工程地质、地面排水等方面的因素。这是因为土质路坡度与堑边坡，需要结合水文地质条件、工程地质、排水措施、边坡高度、施工方法，还要注意与人工边坡、自然稳定山坡等力学分析和调查来确定。对于边坡高度不大于20m的土质边坡，坡度应不大于相关标准规定；对于边坡高度不大于30m的岩质边坡，坡度应不大于相关标准规定。

五、路基的防护和加固

为了确保路基的强度和稳定，路基防护加固也是不可缺少的工程技术措施。防护和加固工程可以稳定路基，保证道路的使用品质，美化路容，使其与自然环境协调，提高投资效益。一般人们把防止冲刷和风化，主要起隔离作用的措施称为路基防护工程，防护的重点是路基的边坡。防止路基或山体因重力作用而坍塌，主要起支撑作用的支挡结构物被称为路基加固工程，挡土墙是常见的支挡结构物。

（一）坡面的防护

《城市道路工程设计规范》（CJJ 37—2012）规定："路基坡面防护应根据道路功能，结合当地气候、水文、地质等情况，采取相应防护措施，应采取工程防护与植物防护相结合的防护措施，并应与景观相协调。"坡面防护，也叫作边坡防护，其功能是保护土质边坡不被冲蚀，保护岩石边坡不被风化，为路基边坡做好表面防护，以免受雨水冲刷，造成湿度变化，可以有效减缓温差，减缓和防止软弱岩石表面碎裂、风化及剥蚀，确保路基稳定，并且能起到协调自然环境和路基美化的效果。路基边坡应根据当地的气候环境、工程地质、材料供应和坡面具体情况，选用合适的防护类型。引起路基边坡变形和破坏的主导因素是水，因此防水、治水、排水就成为坡面预防护的首要任务。

常用的坡面防护方式有植物防护和工程防护。植物防护可以协调环境、美化路容、调节边坡土湿温，起到稳定和固结边坡的作用。对于边坡相对平缓，坡高不大的土质坡面，植物防护是最有效而且最常用的设施；在不宜用植物防护时，坡面防护可以选择水泥、矿石、石灰等。植物防护一定程度上在对边坡稳定和改善路容方面优于工程防护。

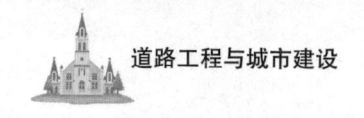

（二）挡土墙设计

《城市道路工程设计规范》（CJJ37—2012）规定："深挖、高填、沿河等路段的路基边坡，必须根据其工程特性进行路基防护设计。对存在稳定性隐患的路基，应进行稳定性分析；当稳定性不满足要求时，必须采取加固措施。"

挡土墙，属于支挡结构物的一种，功能是承受侧向土压力，防止土体滑塌，起到收缩和保护边坡的作用，属于常见加固路基形式之一，它对于山坡土体和路基边坡起到稳定作用，适用于支挡挖方边坡、天然边坡、收缩边坡、人工填方边坡、河流岸壁、支撑隧道洞口、桥头等。因此，它具有很强的实用性，通常用于支撑路堑边坡、路堤、桥梁两端、隧道洞口，还有河流岸壁等。

1. 挡土墙的分类

①按照设置位置，挡土墙可分为路堤墙、路堑墙和路肩墙。路堤墙通常设在陡坡路堤、高路堤，还有沿河路堤处，目的是防止收缩坡脚、路堤滑动。路堑边坡一般设置路堑墙，用于支挡不稳定的边坡。路肩墙设在陡坡路堤、高路堤路肩下方，能够防止基底滑动和路基边坡被水流冲刷。

②按照挡土墙的结构形式，挡土墙可分为重力式、锚定式、薄壁式和加筋式等。各类挡土墙的使用范围取决于墙址地形、工程地质、水文地质、建筑材料、墙的用途、施工方法、技术经济条件及当地的经验等因素。

2. 挡土墙的结构

挡土墙一般由墙身、基础、填料、排水设施、沉降缝和伸缩缝组成。其构造必须满足强度与稳定性的要求，同时应考虑就地取材、经济合理、施工养护的方便和安全。

第二节　城市路面设计与施工

一、沥青路面的设计与施工

沥青路面是铺筑在柔性基层、半刚性基层上具有一定厚度的沥青混合料面层的路面结构。沥青面层是由沥青材料、矿料及外掺剂按要求比例混合或分层撒铺铺筑而成的单层、多层结构层。沥青路面由于使用了黏聚力较强的沥青材料作为结合料，大大加强了矿料之间的黏聚力，从而提高了混合料的强度和稳定性，使路面的使用性能和耐久性都得到提高。

沥青路面施工的方法可分为层铺法、路拌法及厂拌法等，施工方法便于机械化施工，质量较易得到保证，施工进度较快；沥青路面材料养护期短，交通开放快并且便于修补和分期修建。与水泥混凝土路面相比，沥青路面具有路面使用质量和耐久性好、无缝、表面平整、行车舒适、噪声低、耐磨、施工期短、养护维修简便等优点。同时，其也具有抗拉弯强度较低，沥青面层温度稳定性差等缺点。

（一）沥青路面设计的内容

沥青路面设计的主要任务就是提供适应环境并能够承受预期的交通荷载的路面结构，它可以为机动车行驶提供舒适、快速、安全、稳定的道路环境，符合设计交通量的各结构层相关的应力要求。确保路面质量，满足各级公路相关的耐久、安全的要求；满足对应的承载力要求，符合使用年限。沥青路面设计包括以下几点。

①路面结构层材料地调查和选择。

②沥青混合料配合比设计及基层材料配合比设计。

③设计参数地测试和确定。

④路面结构层组合设计。

⑤路面结构层厚度计算。

⑥路面结构的方案比选等。

除了行车道路面外，路面设计还包括路缘带、匝道、硬路肩、紧急停车带、公交车站、停车场、城市广场及路面排水系统设计等。

1. 沥青路面设计的主要原则

①路面设计，首先收集现场资料，了解沿线路基的情况，摸清路基干湿。针对不良地质路段，要进行深入研究，得到解决对策后，再开始对路基路面设计工作。

②先确保使用要求和交通量，宜采取节约投资、合理选材、因地制宜的原则，设计出经济合理、技术先进、方便施工、安全可靠的路面方案。

③结合实际，慎重、积极地对新材料、新技术、新工艺进行推广，总结经验，不断完善。

④设计方案应符合国家环境保护的有关规定，注意处理废弃料，积极推广新技术。沥青路面属于柔性路面，其强度和稳定性在很大程度上取决于基层、垫层和土基等特性。在进行沥青路面设计时，应注意以下几点。

第一，沥青路面的抗弯拉强度较低，因此需要其基础应具有足够的强度和稳定性。基层设计必须具有足够的强度，并且能够保证在水、温度作用下具有良好的稳定性。路表弯沉发生的原因70%～95%是由于路基，因此路基必须密实、均匀、稳定。控制好路基土的压实度和含水量，提高路基强度是路基路面综合设计的首要措施，其次是提高基层的模量和厚度。

第二，沥青路面低温时，其抗变形能力下降很多，因此在季节性冰冻地区的中湿和潮湿路段需要设置防冻垫层，以防止路基不均匀冻胀而导致沥青路面开裂。

第三，为提高沥青路面结构的整体性，应采取一定的工程措施，保证各结构层之间不产生层间滑动。

2. 沥青路面材料特性

①沥青混合料的强度特性。沥青混合料是由矿料与沥青结合料拌和而成的混合料的总称，它是一种复杂的多成分材料，属于黏-弹塑性材料，其强度取决于矿物骨架结构、沥青的结构、矿物材料与沥青材料相互作用的特点、沥青混合料的密实度及其毛细孔隙结构特点等因素。

沥青路面按强度可分为密实类与嵌挤类两种。密实类是指沥青结合料的强度是以沥青和矿料之间的黏聚力为主，矿料之间的嵌挤力和内摩擦力为辅的沥青路面。它具有强度大，但路面强度会随着温度升高、受潮及荷载作用时间延长而降低等特点，沥青混凝土路面属于这种结构；嵌挤类是指沥青混合料的强度以矿料之间的嵌挤力和内摩擦力为主，黏聚力为辅的沥青路面。它具有热稳性好，空隙率大，易渗水，耐久性差等特点，沥青贯入式、沥青表面处治、沥青碎石路面均属于这种结构。

表征沥青混合料，通过抗压强度、抗剪强度、抗拉强度等因素，确定其力学强度。通常情况下，沥青混合料有很强的抗压强度，但是抗拉、抗剪强度较低。由此可知，沥青路面破损时，破损通常是由滑移或拉裂逐渐扩展的。

②沥青混合料的应变-应力。沥青混合料属于黏性且弹性优良的材料，并且应力和应变之间存在多种关系，时而为黏性，时而为弹性。但通常情况下，表现为黏-弹的性质。沥青混合料呈现出的不同状态，可以作为判断其性质的依据，尤其是低温和高温，具有鲜明的变形特性。同时，工作人员还需要考虑材料的应力松弛和蠕变的现象。所谓蠕变是指在外力恒定条件下，材料变形随时间发展的过程；应力松弛是指变形物体在恒定应变作用下应力随时间增长而自动降低的过程。沥青混合料的应力-应变特性可以用蠕变试验确定，其变形

随时间发展，变形程度取决于作用应力的大小。

③疲劳特性。沥青混合料破坏和变形与荷载量有关，也与荷载次数有关。在比极限抗拉强度低时，路面材料被反复进行拉应，导致路面材料破坏，称为疲劳破坏。而导致路面材料出现最终破坏的荷载作用时，其被称为疲劳寿命。

④沥青路面的温度稳定性。沥青路面的温度稳定性包括以下两种。一是沥青路面的高温稳定性，沥青混合料具有强度和抗变形能力随温度升高而降低的特点，温度升高时，沥青的黏滞度降低，矿料之间的黏聚力减小，导致强度降低，沥青混合料易出现剪切破坏，由于沥青混合料的这种性质，导致沥青路面稳定性和工作状况变坏，使用性能降低，因此提高沥青混合料的高温稳定性是十分必要的。二是沥青路面的低温稳定性，沥青路面的强度虽然随着温度的降低而增加，但其刚度也随着温度的降低而增加，刚度地增加导致其抗变形能力降低，特别是温度急剧下降时，沥青混合料受基层约束而不能收缩，将会产生很大的温度应力，若累积温度应力超过沥青混合料的极限抗拉强度时，路面就会出现开裂等破坏现象。低温产生的路面裂缝大多是横向的，这往往是沥青路面损坏的开始，裂缝会进一步发展，随着雨水由裂缝渗入路面结构，逐渐导致路面工作状况的恶化。

⑤沥青路面的水稳定性。水可以使沥青从矿料表面脱落而出现路面水毁坏。提高沥青路面水稳性的措施包括提高沥青与矿料之间的黏聚力，在沥青中掺加抗剥落剂及矿料用石灰浆处理。

（二）沥青路面地组合设计与施工

沥青路面各结构层如何选择和安排，使整个路面结构既能够经受住行车荷载和各种不利的自然因素的作用，又能发挥结构层材料的最大效能，是沥青路面结构组合设计所要解决的问题。

1.路面结构组合设计的原则

①根据各结构层功能和交通的特点选择层次结构。由于面层、基层和垫层的作用是不同的，因此面层材料应选择高强、耐磨、热稳定性好及不透水的材料；基层是主要的承重层，应选用有足够的强度、刚度和水稳性的材料；垫层应隔水、隔温，应选择水稳性、隔热性和吸水性好的材料。

②适应行车荷载作用的要求。车轮荷载在路面内的应力和应变是随着深度而递减的，影响范围随着深度地增加而增加，因此一般不应该有倒装结构：基层宽度每侧应比面层宽25cm，底基层每侧应比基层宽15cm；垫层宽度每侧应

比底基层宽25cm，高速、一级、二级公路应与路基同宽，各层之间刚度不应相差太大：基层和面层材料的回弹模量比应不小于0.3；土基和基层材料的回弹模量比在0.08～0.4。

③采用适当的层数和层厚。路面结构层数越多，越能体现材料内应力和应变的规律，但施工和材料地制备困难，层厚应考虑施工和造价，自上到下，应由薄到厚。

④根据各层的结构特点，做好层间组合结构层。各层间应该紧密稳定，消除相邻层间的不利影响。一般可以在沥青面层和半刚性基层或粒料基层之间设置连接层；沥青路面不能直接铺筑在片石基层上，应该设置碎石过渡层；在多雨地区或多雨的施工季节，为了防止雨水渗入基层，可以用单层的沥青表面处治做下封层。

⑤路面等级、面层类型和厚度地选择应满足交通量的要求。沥青路面类型应根据道路等级、使用要求、交通等级，并考虑施工难易和材料供给、施工机械设备等因素进行选择。

2. 路基设计的一般要求

①路基设计一般需满足相关需求，例如路面设计中采用回弹模量作为土基抗压强度的指标。回弹模量是指路基，路面及筑路材料在荷载作用下产生的应力与其相应的回弹应变的比值，快速路和主干路通常设计为不小于30MPa，而次干路和支路不应小于20MPa。不过，如果上述方法无法满足要求时，那就需要采取一定措施来提高路基的回弹模量。

②采取一定措施使得路床处于干燥或中湿状态。

③基于各级公路在季节性冰冻地区出现的中湿、潮湿路段，在进行设计时，需检验其防冻厚度，通常这种厚度与路面结构层材料、道路冻深、路基土类、路基潮湿类型等热物性相关，如果出现最小防冻层大于结构层总厚度的话，那就需要通过增加防冻层来满足最小防冻厚度的要求。

3. 垫层设计的一般要求

①良好的水稳定性及强度，这是垫层具有的属性。

②通常在一定情况下需要将垫层设置在基层，如路床土处于潮湿或过湿状态；不良的土质路堑水文地质条件；水位较高的地下；不良的排水能力；路基处于潮湿或过湿状态；水文地质条件不良的土质路堑；路床土处于潮湿或过湿状态。

③采用砂、沙砾等作为垫层的颗粒材料,小于 0.075mm 的颗粒含量不宜大于 5%。

④将排水垫层连接边缘排水系统,厚度宜大于 150mm,宽度不宜小于基层底面的宽度。

4. 基层设计的一般要求

第一,基层是主要承重层,应具有稳定、耐久、较高的承载能力。基层有单层和双层两种类型,而较高的物理力学性能指标要求,适宜于刚性基层、半刚性基层及粒料类基层或沥青混合料,如足够的强度及稳定性,这是半刚性基层应具备的基本特征,并且需具备较小的干缩变形、温缩及较强的抗冲刷能力,在冰冻地区应具有一定的抗冻性,应当选用骨架密实型级配应用于上基层的半刚性材料中,而且其应具有一定的抗冲刷、抗疲劳等能力。

第二,基于就地取材、就近取材的原则,设计基层及底基层可选择贫混凝土、沥青混合料、粒料或无机结合料稳定集料类等材料,然后以路基水文状况、筑路材料、气候条件、交通量及其组成等因素作为基础,对经济合理、技术可靠的结构进行选择。

第三,基于气候条件、交通等级等因素选择基础材料,而石灰是稳定类材料宜用于各类交通等级的下基层及中、轻交通的基层。刚性基层适用于重交通、特重交通及港区等的道路工程,最小厚度应大于 150mm。

第四,基于扩散应力、材料力学性能、交通量大小等效果,充分发挥基层、底基层厚度的压实机具功能,而且要有便于选择各结构层厚度等因素,各结构层材料变化不宜过于频繁,不利于施工组织与管理。

5. 沥青面层设计的一般要求

第一,对各结构层沥青混合料类型地选择,需依据结构层功能要求、交通荷载、气候特点及使用要求等因素,融合沥青层厚度和当地经验进行设计选择,同时选用 SMA、AC-C 和 OGFC 沥青混合料作为表面层,而且密级配沥青混合料至少有一层在各个沥青层中。

第二,结合当地使用经验,以施工工艺、面层结构与层、交通量及其组成、气候条件、道路等级等因素作为选择沥青材料品种与标号的依据。

第三,沥青面层结构可采用单层式、双层式和三层式。单层式面层应加铺封层,或者铺筑微表处作为抗滑磨耗层;双层式沥青面层结构分为表面层、下面层;三层式沥青面层结构分为表面层、中面层、下面层。

第四,混合料最大公称粒径须匹配各类沥青面层的厚度,混合料一层的最小压实厚度宜符合下列规定：SMA 混合料和 OGFC 混合料路面厚度不宜小于混合料公称最大粒径的 2.5 倍；AC 混合料路面厚度不宜小于混合料公称最大粒径的 3 倍。

第五，保持沥青路面各结构层之间的紧密结合。将黏层设定在各个沥青层之间；同时设透层在类基层上；设下封层于快速路、主干路的半刚性基层上。

第六，采用沥青路面铺装非机动车道、人行道及步行街，沥青混合料面层厚度不应小于 30mm，沥青石屑、沥青砂面层厚度不应小于 20mm。

二、水泥混凝土路面设计与施工

水泥混凝土路面主要指以水和水泥合成的水泥浆为结合料，碎砾石为骨料，砂为填充料，按照适当的比例，铺筑而成的路面，即用水泥混凝土作为面板或基（垫）层所组成的路面。水泥混凝土路面具有刚度高和强度高，耐久性好；稳定性，水稳性和温度稳定性优于沥青路面；平整度和粗糙度好；养护费用少，运输成本低；路面色泽鲜明，能见度好及利于夜间行车等优点。但是它也具有路面必须设置接缝，增加了施工和养护的难度，且易引起跳车，影响行车舒适性；混凝土需要养护，施工后不能立即开放交通；挖掘和修补困难，施工工艺较沥青混凝土路面复杂；对水泥和水的需求量大等缺点。

（一）水泥混凝土路面的类型

水泥混凝土路面按照面层类型可分为以下几种，本书主要讨论普通混凝土路面。

①普通混凝土（又称素混凝土或无筋混凝土）路面，除接缝和局部范围外，面板内不设置钢筋的水泥混凝土路面，它是目前我国采用最广泛的一种水泥混凝土路面。

②钢筋混凝土路面是指为了防止混凝土面层产生裂缝而在板内设置横、纵向钢筋或钢筋网的水泥混凝土路面。钢筋混凝土路面适用于混凝土板尺寸较大、形状不规则、路基或基层可能产生不均匀沉降的路段。

③连续配筋混凝土路面是指除了在邻近的构造物或与其他路面交接处设置胀缝及施工需要设置施工缝外，在路段长度内不设置横缝，而连续配置纵向或横向钢筋的路面。

④钢纤维混凝土路面是指在混凝土中掺加钢纤维的路面。钢纤维可以提高混凝土的韧度和强度，因此其路面厚度小于普通钢筋混凝土路面。

⑤预应力混凝土路面是指对混凝土面板施加预应力以抵消部分轮载和温度

产生的拉应力的路面。

（二）混凝土路面设计的主要内容

①设计路面结构组合，需基于繁重的交通程度，结合材料供应情况和当地环境条件等因素，对混凝土路面的结构层次进行选择安排，其中包括的结构层位有面层、基层、土基、垫层等，还有各层的厚度、路面结构类型、弹性模量。路面结构组合技术先进、工程经济合理的设计方案，在设计使用期内，可以保证混凝土面板能承受预期交通的作用并提供良好的路用品质。

②按设计标准，使用要求所需的混凝土面层的厚度即为混凝土面板的厚度设计。

③依据混凝土面板内产生的荷载应力与温度应力，设计行板的平面尺寸，从而使得接缝的位置得以确定，并构造接缝设计，通过合理有效的措施使接缝的传荷能力得到提高。

④混凝土路面材料组成设计是指确定混凝土水灰比、单位用水量、单位沙石料用量及外加剂用量，以保证混凝土路面具有合适的抗弯拉强度、耐久性、工作性及经济性。

⑤混凝土路面配筋和混凝土材料组成设计是指当交通量较大、地基有不均匀沉降或面板形状不规则时，要沿板纵向设置相应的钢筋种类和配筋率以提高面板的弯拉强度，且要表面平整、抗滑耐磨，防止裂缝的出现。

（三）水泥混凝土路面组合设计与施工

路基、垫层和基层的设计与沥青路面的设计与施工相同，这里就不赘述了。除此之外水泥混凝土路面组合设计与施工应注意以下几个方面。

①抗滑、耐磨、平整的表面，一定强度的水泥混凝土面层。采用设置接缝的普通混凝土面层。一旦出现平面尺寸较大或形状不规则的面层板时，路面结构下多埋有填挖交界段的路基、软土地基、地下设施，高填方等，这时候应采用设置接缝的钢筋混凝土面层。

②对钢纤维混凝土面层板、碾压混凝土、钢筋混凝土、普通混凝土等适宜矩形设计，使得纵向和横向接缝垂直相交，而且横缝不得相互交错在纵缝两侧。

③按路面宽度在 3.0～4.5m 范围内，确定纵向接缝的间距，而不宜设置在轮迹带上。

④依照钢纤维掺量确定钢纤维混凝土面层的厚度。当出现 0.6%～1.0% 的钢纤维体积率时，其厚度宜为普通混凝土面层厚度的 0.65～0.75 倍；中

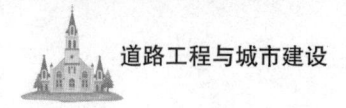

或轻交通时，其最小厚度宜为140mm；特重或重交通时，其最小厚度宜为160mm。

⑤采用水泥混凝土铺装非机动车道、人行道及步行街时，应设置不小于120mm的面层厚度，水泥混凝土28d龄期的弯拉强度不应低于3.5MPa。

⑥停车场面层，28d龄期的水泥混凝土弯拉强度不应低于5.0MPa，人行广场面层28d龄期的弯拉强度不应低于3.5MPa，同时采用正方形混凝土板块布置在有纵、横向交通的广场上，并接缝宜布置成两个方向均能传递荷载的形式。当接缝设传力杆时，一个宜采用滑动传力杆进行接缝，另一个宜采用普通传力杆进行接缝。

第三节　城市道路工程改扩建设计要点

随着我国经济不断发展，人民的生活水平逐渐提高，汽车成为人民普遍拥有的交通工具，这就使得一些大城市交通拥堵日益严重，因此对道路进行道路工程改造是至重中之重。

一、城市道路工程实例概述

安徽境内的某条国道，在芜湖市的这一段总长度为78km，其中在市区的长度是38km，在南陵县内的长度是40km。G205从南陵渡桥到九连立交的这段国道，起始位置是芜湖市区和南陵县相交的位置，终点位置是在九连立交的北面，这段路的总长度是25km。这段路是南陵县城通往芜湖市区的唯一一条干线公路，改建以前，它的技术标准是双向四车道的一级公路，路基的宽度是32m，采用沥青混凝土铺设路面，设计速度为60km/h。这段路从北往南，依次经过奎湖镇和许镇两个大型镇区，途经孟庄村、高桥村、王家墩村、土桥村、仙坊村、刘村村、胜利村等许多村落，担负着诸多频繁的过境及区域交通。

二、改扩建城市道路设计要点的分析研究

（一）分离设计主辅路

为尽快解决主路拥堵问题，在道路横断面的设置方面，引入了城市快速路的设计方案，主路向外重新修建了一条单向马路，宽度为8.25m，采取主路和辅路方法将主要干道分离，这主要是为了改善马路周边区域的交通情况。施工时在辅路上修建了一条宽3.75m的行车道，在辅路外侧分支出一条宽3.5m的

硬肩路，供周边居民的电动车等非汽车交通工具使用。这种方式能够有效进行交通分流，在一定程度上降低了交通事故率。

（二）采用立体设计

对穿越城镇的主路采用立体建设，在这些道路上搭建桥梁以链接各主路的交汇点，并设置相应的进出口。桥梁的设计主要以高架桥为主。桥下可以正常通行，在桥上布置交通信号灯，可以控制车流，有效实现主路快速通行，空间利用率较高。

（三）对沿线的主辅路出入口进行合理的归并设计

合并主辅路上的出入口，这样可以有效减少车辆行驶干扰。主辅路分离后，主路行驶的都是机动车，非机动车不能在主路上行驶，这就提高了车辆通行的速度，改善了交通拥堵情况，但从现实情况来看，道路上的有些村庄，需要上下主路，如果禁止非机动车行驶主路，将对他们的出行带来不便，因此不能完全隔离主路。

（四）加强横向过路设施建设

很多时候人们都需要横穿马路，即使有红绿灯控制，但是还存在安全隐患，为解决这一问题，需要在道路上搭建横穿马路的设施，目前应用较为普遍的是天桥和地下通道。天桥的设置地点，可选择性多些，改造成本较低，以钢材为主，搭建周期较短。地下通道相对来说成本高些，建设周期要长。两种方式都能有效地解决横穿马路问题，不影响正常交通。

（五）进一步优化公交站台

公交站的站台建设在辅路上，优化改造之前，公交站都是在主路的两旁，公交车辆的停站，一方面影响整条道路的交通，另一方面存在安全隐患，因此把站点设置在辅路上可以有效解决这个问题。

道路的改造始终围绕改善交通情况进行，以提高居民的交通使用效率，因此设计者应做好大量的前期准备，包括查明道路周围的环境、地质情况、车流量情况、拥堵原因等，通过多次核算，找出最优方案，同时在施工上要严格控制工程质量。

第四节　城市路基路面的养护与管理

城市道路是一种综合设施，其在投入使用之后需要不断地进行养护和管理。道路养护管理主要包括：路基、路面、桥涵及其他排水工程设施、防护工程、交通工程设施、其他附属设施的养护与管理。本文主要介绍城市路基和路面的养护与管理。

一、城市路基路面的养护

（一）城市路基的养护

路基地建设不仅要质量合格，还要具有良好的排水性能，尺寸和斜度都要合规，使用时还必须对路基进行养护，改造和维修等，其养护工作主要有以下几点。

①对路基要实施加固，定期检查维修。

②建立完善的排水系统，结合地质情况和水量情况进行建设，堵塞的地方要及时疏通。

③建立各种防护系统，目前主要的防护方式包括护坡、护面墙、石笼、植树、铺草皮、丁坝、顺坝等。这些设施都具有保护路基的功能。

④及时清理路面障碍，如清除塌方、道路积雪，道路塌陷等。

⑤对路面要实时监测，及时检查路基引发的各种风险，向上级反映及时处理。

⑥通过局部改善路基的使用属性，使其不断达到所要求的技术服务水平。

（二）城市路面养护

1. 沥青路面养护

①沥青路面应时刻养护，工作人员要掌握路面的使用状况，根据路面的实际使用情况制订养护计划，严重的路面损坏和超过使用年限的路面，应及时进行检查维修

②修补路面破损要及时，保持路面处于良好的使用状态。

③沥青路面养护工程使用的沥青、粗集料、细集料和填料的规格，质量要求，技术指标，级配组成及大修、中修、改建工程地设计、施工和质量控制，均应

符合现行《公路沥青路面设计规范》（JTG D50—2017）和《公路沥青路面施工技术规范》（JTG F 40—2004）的有关规定。

④沥青路面的技术状况应符合现行《公路技术状况评定标准》（JTG 5210—2018）的有关规定。

⑤沥青路面养护质量的评定等级分为优、良、中、次、差5个等级，按现行《公路技术状况评定标准》评定。

2. 水泥混凝土路面的养护

根据路面的实际损害情况对路面进行改善维修，建立评价体系，包括路面损坏状况指数（PCD）、路面行驶质量指数（RQI）、路面抗滑性能指数（SRI）。根据评价结果制定相对应的维修方案。高速公路及一级公路的PCD评价合格为优和良，二级及二级以下公路的路面损坏状况指数评价为中及中以上时，采取日常养护和修补措施；高速公路及一级公路的路面损坏状况指数评价为中及中以下，二级及二级以下公路的路面损坏状况指数评价为次及次以下时，应采取全路段修复或改善措施；高速公路及一级公路的RQI、SRI评价为中及中以下，二级及二级以下公路的路面行驶质量指数、抗滑性能指数评价为次及次以下时，要分别采取措施，改善路面平整度，加强路面的抗滑能力。

二、城市路面管理系统

城市路面在使用过程中，其使用性能会因行车荷载和环境因素的不断作用而逐渐变坏。路面使用性能恶化，将增加车辆的运行费用，包括燃油、轮胎和保修材料地消耗及行程时间等费用。因而，在路面使用期内，还需继续投入大量资金用以管理路面，使之保持一定的使用性能。

路面管理系统地建设和实施，可以帮助人们有效地分析道路拥堵问题，为设计者提供决策依据。路面管理系统是基于对实际技术，经济、社会和政治等方面的综合考虑，而对路面情况进行管理的应用系统。

（一）城市路面管理与路面管理系统分级

城市路面管理系统，一般划分为网级管理系统和项目级管理系统两个层次。

1. 网级管理系统的内容

网级路面管理系统通常包括一个地区，如省、市的公路网或一大批工程项目。其主要任务是为管理部门在进行关键性的行政决策时提供对策，主要包括以下内容。

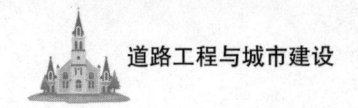

①路况分析：路网内路面现有状况地分析及路面状况变化预估。
②路网规划：确定路网内需要新建、改建和养护的项目。
③安排计划：确定进行上述项目的合适时间和各项目的优先次序。
④预算安排：确定各年度的投资额。
⑤资源分配：各行政区域或不同等级道路或养护改建和新建之间的资源分配。

2. 项目级路面管理系统的内容

项目级管理系统仅针对一个工程项目。它的主要任务是为管理部门对某工程进行技术决策时提供信息，以便选择费用-效果最佳的方案。

项目级管理系统的基本要素及其同级管理系统的关系表现为，由网级管理系统地输出，人们可以得到某一工程项目的三方面目标：行动目标（采取哪一种新建、改建或养护行动）、费用目标（可分配到的投资额）和使用性能目标（在预定期限内应具有的使用性能指标）；项目级管理系统则是通过进一步采集特定的现场资料，拟定备选路面方案，并结合具体条件进行详细的结构计算和经济分析，以确定采用费用-效果最佳或者更合理的行动方案。

（二）城市路面管理系统的结构与组成

路面管理系统通常由三个子系统所组成：数据管理系统、网级管理系统和项目级管理系统。三个子系统又分别由其相应结构组成。

1. 数据管理系统的结构与组成

路面管理系统必须建立在大量信息的基础支撑上，才能保证系统提出的对策具有客观性。在数据管理基础上，即必须以数据系统作为其支系统，其通常包含下述四类信息。

①设计和施工数据：交通参数、道路等级及几何参数、路面厚度、所用材料及性质试验结果、路基土性质及试验结果等。

②养护和改建数据：曾进行过的养护和改建的类型、实施的日期和费用等。

③使用性能数据：要包括行驶质量、路面损坏状况、结构承载能力和抗滑能力4方面。这些一般通过路况监测系统定期采集得到。

④其他数据：环境降水、温度、冰冻及材料单价等。

数据管理系统由两部分组成：数据库和路况监测（又称数据采集）系统。数据采集是一项既费时又费钱的工作，而数据库的容量又有一定限制，因此在采集数据前，工作人员必须先仔细分析哪些数据是必需的，避免把非必需的数

据纳入系统。

2. 网级管理系统的结构与组成

网级路面管理系统通常包括下述几部分。

①建立性能评价系统，通过对路面损坏、路面结构平整度、承载能力、路面抗滑能力等因素的综合评估，来对实际路况进行评级。

②建立使用性能评估系统，就是建立某种状态的路面在进行养护或改造后路况的有关属性，还有时间或交通的影响情况，以此可以做出更好的决策。

③建立性能标准系统和相对应的养护改建决策系统。依据路面的使用要求和实际的经济条件，建立路面使用性能标准评价体系，要针对不同等级，按实际情况建立路面的养护改造方案。

④建立费用体系，目前道路主要费用支出包括养护、用户和建筑三大类。养护费用是在使用期间的路面养护支出。建筑费用是指新建或改建路面时的投入资金。用户费用是指使用道路的车辆需要担负的行驶费用等。因此，需要完善费用支出体系，控制支出，降低成本，提高使用效率。

⑤建立优先级别排序系统，其主要目的是提供最佳道路建方案。这些方案能使路面建设，在经济受限制的条件下，保持最高的路况使用水平。

3. 项目级管理系统的结构与组成

项目级管理系统主要是为道路系统所确定的工程项目制作出最佳的改造决策，根据实际资料，进行具体情况分析。

（三）路面管理系统的功能

路面管理系统的功能主要表现在以下几方面。

①通过监测系统采集到的客观数据评价道路的技术现状。

②利用具有一定可靠度的使用性能预估模型，预测各种养护和改建对策的后期效果。

③以客观的数据作为申请投资的依据，并论证不同投资预算水平对路网服务水平和路况地改善与影响。

④为合理和有效地分配投资和资源提供费用-效果最佳的对策。

第四章　城市道路排水设计与施工技术要点

城市道路排水设计是城市道路设计的一个重要组成部分，目的是将地面的雨水、雪水迅速排除，保证车辆和行人正常交通，改善城市卫生条件，避免路面结构因浸水而过早损坏。本章围绕城市路基排水设计、城市路面排水设计、桥面排水设计及城市道路排水管道施工技术要点展开论述。

第一节　城市路基排水设计

一、路基排水设计的一般原则

路基排水就是要把路基工作区内的土基含水率降低到一定的范围内。根据水源的不同，影响路基的水流可分为地面水和地下水。地面水主要是由降水（雨和雪）形成的地面径流。地下水是埋藏在地表下面土中孔隙、岩石孔隙和裂隙中的水。地下水又可分为以下几种。

①上层滞水：从地面渗入尚未深达下层的土中水。

②层间水：在地面以下任何两个隔水层之间的含水层中的水。当地面低于水源高度时，它可以通过岩层裂隙冒出地面而成为泉水。

③潜水：在地面以下第一个隔水层以上的含水层中的水，距地面较近，在重力作用下可沿土层流动。

暴雨径流、冰雪覆盖、上层滞水、潜水和泉水等均能软化，冲刷甚至毁坏路基，造成路基的一系列病害。因此，在设计中，必须考虑将影响路基稳定的地面水加以拦截，将其排除于路基范围以外，并防止漫流、积滞或下渗。对于影响路基稳定的地下水，应注意予以截流、疏干、降低并引导至路基范围以外。

路基排水设计的原则如下。

①公路路基防排水设计应根据公路沿线气象、水文、地形、地质、桥涵和隧道设置情况，遵循总体规划、合理布局、防排疏结合、少占农田、保护环境的原则，设置完善、通畅的防排水系统，做好路基防排水与地基处理、路基防护等综合设计，并与路面、桥梁、涵洞、隧道等防排水系统相协调。

②路界地表水不得流入桥面、隧道及其排水系统。当排水困难且隧道长度小于300m，洞外地表水量较小、含泥量少时，排水方法要经论证比较确定。

③低填、浅挖路基及排水困难地段，应采取防、排、截相结合的综合措施，及时拦截有可能进入路界的地表水，排除路基内自由水，隔离地下水，保证路基处于干燥或中湿状态。

④沿河路基防排水设计应根据河流水文特性、设计洪水位、流量及河道地形地质条件，合理布设排水设施，做好排水设施出口处理，并与河道导流设施和调治构造物相协调，防止水流冲刷路基边坡及河岸。

⑤路基排水设施设计应与农田排灌系统相协调。

⑥施工场地的临时性排水设施，应与永久性排水设施相结合。各类排水设施的设计应满足使用功能要求，结构安全可靠，便于施工、检查和养护维修。

各类地表排水设施的断面尺寸应满足设计排水流量的要求，沟顶应高出沟内设计水面0.2m以上。

二、城市道路地面排水设计

城市道路常用的路基地面排水设施有边沟、截水沟、排水沟等，分别设置于路基的不同部位，各自发挥其主要功能。

（一）边沟

所谓边沟指的是设置在填土高度小于路床深度的路堤坡脚外侧，或者是在挖方路基的路肩外侧的纵向人工沟渠，其基本上保持与路中线平行的走向，其基本作用是对路基范围和流向路基的少量地面水加以汇集及排除。

通常，边沟不存在较大的排水量，无须采用水力、水文等方式进行计算，可循着沿线具体条件，选用标准横断面形式。边沟的纵坡（出水口附近除外）一般与路线纵坡一致，且不宜小于0.3%，困难情况下，不应小于0.1%。边坡出水口附近及排水困难路段（如回头曲线和路基超高较大的平曲线等处），边沟应进行特殊设计。

边沟的横断面基本形式有梯形、矩形、三角形及流线型等。

为了增加道路绿化景观效果和增加行车安全，可采用碟形边沟。边沟顶部

按汇水面积的需要，每隔5～10m设置一水箅子，将道路和坡面的集水通过水箅子汇入暗埋式边沟，沟顶植草绿化。

土质或软弱石质边沟常被设置为底宽及深度为0.4～0.6m的梯形，而水流少或干旱地区的路段，低限一般取不小于0.3m；而高限甚至更高则是匹配降水量集中或地势低洼路段。一般设定1∶15～1∶1为梯形边沟内侧边坡的尺寸，直坡通过石质材料来加固，而外侧边坡通常与挖方边坡一致。

矩形或近似梯形适宜石质或铺砌式边沟，以此减少沟顶宽度。三角形断面可用于少雨地段土质边沟，采用1∶3～1∶2作为内侧边坡的外侧尺寸，边坡坡度与挖方边坡坡度相同。

三角形边沟的水流条件较差，流量较大时，沟深宜适当加大。流线型边沟，是将路堤横断面的边角修整圆滑的边沟，可以防止路基旁侧积沙或堆雪，适用于沙漠或积雪地区的路基。

考虑到边沟的出水口附近，有着严重的水流冲刷，必须采取相应措施慎重布置。

边沟流水容易产生冲刷，为避免出现这一现象，可对边沟出水口进行处治，具体可操作的方式是将窨井设置在涵洞进口。另外，通过对地形条件的判断，将跌水或急流槽等结构物设置在桥涵进口前或其他水流落差较大处，将水流引入桥涵或其他指定地点。

（二）截水沟

截水沟是丘陵、山岭及多雨地区等路基排水的重要设施之一，是一种人工沟渠，常设置于挖方山坡路堤上方或挖方路基边坡坡顶以外的适当位置，对路基上方流向路基的地面水进行拦截，使得边沟的水流负担得以减轻，从而起到保护挖方边坡和填方坡脚的作用，避免水流冲刷。根据路基填挖情况和所处位置不同，截水沟通常有平台截水沟、路堤截水沟和堑顶截水沟（天沟）三类。

路堤截水沟一般用于拦截山坡水流。如果路段内会出现上方水流冲刷坡脚，损坏山坡填方路段，这时务必要设置路堤截水沟进行拦截，从而起到保护路堤的作用。截水沟与坡脚之间的距离不能小于2.0m，并要做成2%的向沟倾斜的横坡，保护路堤。

路堑或路堤设置边坡平台且坡面径流量大时，可在边坡平台设置平台截水沟，拦截坡面水流，以减少水流对下部坡面冲刷。此时，应特别注意截水沟的加固，防止水流渗漏而影响边坡稳定。

截水沟的横断面形式一般为梯形。沟的边坡坡度因岩土条件而定，常采用

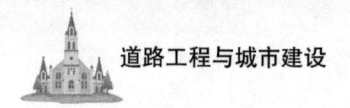

1∶1.5～1∶1。沟底宽度不小于0.5m，沟深按设计流量经计算而定，并且不能小于构造要求值0.5m。

截水沟的位置，应尽量与绝大多数地面水流方向垂直，就近引入自然河沟内排出，必要时配以急流槽或涵洞等泄水构造物将水流引入指定地点。截水沟沟底不宜设置小于0.3%的纵坡。当条件容许时，纵坡应适当加大，沟底与沟壁要求平整密实、不滞流、不渗水，必要时要对其予以加固和铺砌。截水沟长度一般为200～500m。

（三）排水沟

排水沟的作用在于将来自边沟、截水沟或其他水源的水流进行排除，然后将其引至路基范围以外的指定地点。布置排水沟，需考虑地形等特点，遵循地势走向将其设置在远离路基的地方，沟不宜太长，太弯，一旦出现转弯，弯度不易过大，应采用大半径（10～20m）进行方向转变；通常采用2～4m，连续长度不超过500m的路基坡脚；通常来讲，要对纵面上的最大与最小纵坡进行控制，不宜小于0.3%，亦不宜大于3%。当纵坡大于3%时，需进行加固；当大于10%时，则应改用跌水或急流槽。

根据水力水文计算梯形的尺寸，用以构造排水沟的断面形式。常应用于边沟、截水沟及取土坑出水口的排水沟，考虑到其较小的流量，设计时只需保持不小于0.5m的底宽与沟深，土沟的边坡率可取1∶1.5～1∶1。

当其他沟渠或水道引入排水沟时，为避免冲刷或淤积便需要采用原水道。一般情况下，原水道水流方向需与排水沟成锐角相交，而且交角不大于45%，如果条件允许，可采用半径为沟顶宽的圆曲线，朝下游与其他水道相接。为避免水流对沟渠的冲刷与渗漏，应当在必要时加固排水沟。

三、城市道路地下排水设计

道路路基常用的地下排水设施有暗沟、渗沟和渗井等。在水量不大的情况下，排水以渗透为主将地下水流汇集，并就近予以排除；而如果所遇水流较大，需通过暗管加以排除。由于排水设施常设置于地下，很难对其进行经常性养护，所以对其牢固性要求较高。此外，遇有特殊情况，还可采用暗沟、渗沟、渗井等排水设施排除地下水。

①暗沟。暗沟是设在地面以下引导水流的沟渠，无渗水和汇水功能。暗沟主要作用是把路基范围内的泉水或渗沟所拦截、汇集的水流，排到路基范围之外。暗沟造价一般高于明沟，并且如果一旦淤塞，疏通费事，甚至需开挖重建。

因此，设计时必须与修建明沟方案进行比较，择优选用。

暗沟（管）的尺寸应根据泉水流量计算确定。暗沟宜采用矩形断面，井壁和沟底、沟壁宜采用浆砌片石或水泥混凝土预制块砌筑，沟顶应设置混凝土或石盖板，盖板顶面上的填土厚度不应小于0.5m，应采取有效措施防止暗沟淤塞。

暗沟沟底的纵坡不得小于1%，即使条件困难时，也不能小于0.5%，可将纵坡进行加大，设置于出水口处，同时将高度提升至常水位0.2m以上，以防出现倒灌现象。而在寒冷地区的暗沟，应进行防冻保温处理或将暗沟设在冻结深度以下。

②渗沟。渗沟是采用渗透方式将地下水汇集于沟内，并通过沟底通道将水排到指定地点的地下排水设施，其作用是降低地下水位或者拦截地下水位。

渗沟一般应用于地下水埋藏较深处。渗沟内用大颗粒透水材料（碎石、砾石等）填充，以保证有足够的孔隙率。考虑到排水孔隙容易被流水携带的细粒土所淤塞而失去排水功能，人们通常在渗沟迎水面增设一层反滤层。反滤层的材料有集料、土工布及无砂混凝土。

渗沟按构造不同，区分为三种形式：填石渗沟（也称为盲沟式渗沟）、管式渗沟和洞式渗沟。三种形式均由排水层（石缝或管、洞）、反滤层和封闭层所组成。填石渗沟一般用于流量不大、排水距离不长的地段，是目前公路常用的一种渗沟，其设计时应考虑淤塞失效问题，由于排水层阻力较大，其纵坡不应小于1%，一般可采用5%；管式渗沟设于地下引水较长的地段，但渗沟过长时，应加设横向泄水管，将纵向渗沟内的水流迅速地分段排除，沟底纵坡取决于设计流速，设计最大流速时应考虑到水管的构造及其使用寿命，且不致冲毁管下垫层材料，其一般不大于1.0m/s，为避免淤积，沟底最小纵坡为0.5%，渗沟底部埋设的管道，一般为混凝土预制管或聚氯乙烯（PVC）管，管壁上半部应留渗水孔，渗水孔要交错排列；洞式渗沟一般用于地下水流量较大或石料比较丰富的地区，其下部结构相当于顶部可以渗水的涵洞，洞口大小依设计流量而定，洞身一般要求埋入不透水层中，必要时在两侧和底部增设隔水层，以改善排水性能。沟底最小纵坡为0.5%，有条件时，可采用较大的纵坡，以利排水。

渗沟应尽可能与地下水流向相垂直，以拦截更多的地下水。设计时应首先考虑能否使用明槽式，以便随时检查排水情况。同时，应根据土层含水率、地理位置和各种类型结构的排水能力，做适当的技术经济比较，择优选用。

③渗井。渗井是一种立式地下排水设施。在多层含水的地基上，如果影响路基的地下含水层较薄，且平式盲沟排水不易布置时，可考虑设置立式渗水片

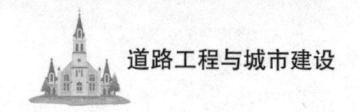

向地下穿过不透水层，将上层含水层引入下层渗水层，以利地下水扩散排除，必要时还可配合渗沟设置渗井，平竖结合以排除地下水。

渗井的孔径与平面布置，通过水力计算而定，通常采用圆柱形或正方形，直径或边长为1.0～1.5m，井深视地层构造而定，以伸入下层渗水能够向下渗水为限。井内填沙石材料，粒径要求为井的中间最粗，逐层向外粒径减小。

第二节 城市路面排水设计

采用管渠排水形式，布设连接管、雨水口及偏沟（街沟），这种设计方式常应用于城区道路排水设计。这种设计无异于一般公路，具体涵盖涵洞、排水沟、路拱排水、边沟等设计内容，其需要依据当地水文条件计算出设计流量，同时处理好与农田排灌的关系。

城区道路的雨水流经线路如下。

首先，沿着路面及相邻地面，通过车行道两侧的街沟流过；其次，循着街沟的纵坡流进雨水口；最后，通过雨水支管及干管，排到天然水系。而作为排水系统之一的街沟，其侧面的构成成分是车行道的侧石（缘石），而底面则是利用了车行道靠边的路面部分或沿路面边缘铺的平石。缘石宜控制在10～20cm的高度。当道路的纵坡等于0，或小于2%～3%，纵向排水发生困难时，可考虑将雨水口前后街沟都以大于最小排水纵坡的坡度向雨水口倾斜。如此连续起来，则街沟纵坡呈锯齿状，即人们俗称的锯齿形街沟。

雨水口是一个带有进水箅子（铁箅或钢筋水泥混凝土制品）的井，包括进水箅子、井筒和连接管三部分。其设置位置应根据路面种类、道路纵坡、沿路建筑与排水情况和汇水面积所形成的流量及进水口的泄水能力而定，当对道路雨水口流量进行计算时，街沟水深不宜大于缘石高度的2/3。雨水口应设置在庭院出水口、常有地面径流的街坊、沿街单位出口、人行横道上游及道路汇水点等处。设计时可基于实际所需将雨水口增加至道路低洼和易积水地段。一般雨水口的间距应设置为25～50m。

其断面大小按泄水量确定，考虑到雨水口易被路面垃圾和杂物堵塞，雨水口和雨水连接管流量应为雨水管渠设计重现期计算流量的1.5～3倍。井的形状分圆形和方形两种，圆形井的直径为0.7～1.0m，矩形井的尺寸约为0.6m×0.9m。井筒可以用砖砌或用水泥混凝土筑成。雨水口埋设较深将给养护带来困难，并增加投资，因此雨水口的深度（雨水口井盖至连接管管底的高度）

一般不大于1m。底部可根据需要做成有沉泥槽或无沉泥槽的形式，其要能截留雨水所夹带的沙砾，免使它们进入管道造成淤塞。但是沉泥井往往积水，滋生蚊蝇，散发臭气，影响环境卫生。因此，需要经常清除，增加了养护工作量。通常仅在路面较差、地面上积秽很多的街道或菜市场等地方，才考虑设置有沉泥槽的雨水口。

使用连接管及城市排水管线上的检查井连接雨水口底部。连接管最小管径为200mm，坡度宜大于或等于1%，长度不超过25m，覆土厚度要大于或等于0.7m。串联的雨水口不宜超过三个，并应加大出口连接管管径。

雨水口按进水方式划分有以下三种类型。

①平箅式雨水口：箅子水平放置。

②竖式雨水口：进水口与街沟垂直，有立孔式和立箅式，适用于有缘石的道路，其中立孔式适用于箅隙容易被杂物堵塞的地方。

③联合式雨水口：在街沟和缘石上都设有进水口，该类型适用于路面较宽、有缘石、径流量较集中且有杂物的地方。

第三节　桥面排水设计

桥面上的积水可使交通阻滞，行车出现飘滑等现象。施工时既要将防水层设置在桥面铺装内，又要设置完善的桥面排水系统。排水系统需安全可靠、排水及时、便于施工养护，从而确保桥面行车安全畅通，避免降水腐蚀该桥面结构，使其耐久性受到影响。

一、桥面排水设计的一般原则

穿过城市高架桥和通航河流的桥梁及公路、铁路，积水通过桥面横坡和纵坡的降水排流至泄水口后，需在纵向排水管（或排水槽）汇集，同时通过设置在墩台处的竖向排水管（落水管）引入地面排水设施或河流中，避免桥下的行人、车辆、或船只受到桥面水冲淋。跨越一般河流、水沟的桥梁及桥下无行人或车辆通行的高架桥，则可允许桥面表面水直接由泄水管排出，但仍须注意避免排放的水侵蚀临近的上部结构或冲刷墩台构件。

当桥面纵坡大于2%，桥长小于50m时，雨水可流至桥头从桥头引道排除，桥上就不再设置专门的泄水管道，但应在桥头引道的两侧设置引水槽，防止雨水冲刷引桥路基。

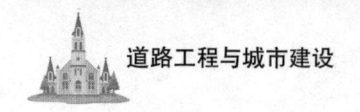

二、桥面排水设施设计

①桥面横坡。落在桥面的雨水，可通过桥面横坡及纵坡构成合成坡引流至行车道两侧或一侧，而后将其引至断面内，该断面由缘石或护栏和桥面组成，因此桥面设计需保持足够的横向坡度，其一般与路面坡度相同。而一些地区若出现较大的雨量，这时需增加泄水口，抑或适度增加桥面横向坡度，从而起到减少过水断面的漫流宽度，防止雨水侵入行车道的作用。

②泄水口与泄水管。应在桥面行车道边缘设置泄水口。设计人员通过计算径流量可知，其最大间距不宜超过20m。同时将泄水口分别设置在桥面伸缩缝的上游方向、凹形竖曲线的最低点及其前后3～5m处。

通常按照3倍的设计径流量考虑泄水管的横截面面积，一般采用是钢筋混凝土管或铸铁管进行建筑，断面形式为圆形或矩形，而且应设置直径为15～20cm的圆形泄水管及宽度为20～30cm的矩形泄水口，长度为30～40cm。采用格栅盖板设置泄水口顶部，而且顶面应比周围路面低5～10mm；对双向坡的桥面进行设计时，泄水管可沿行车道两侧交错排列或左右对称排列，而在单向坡的桥面上，泄水管沿行车道一侧排列。有些低等级公路上，常出现一些跨径小且没有人行道的小桥，而有的设计为了简化构造及节省材料，将横向孔道预留在行车道两侧的安全带或缘石上，然后使用铁管、竹管等将水排出桥外。然而，这种设施孔道坡度过于平缓，容易导致水流堵塞，需加大人力物力进行养护，从而使得排水能够保持顺畅。

③排水管与排水槽。两者的主要功能是快速引出泄水管中的水，通常在悬臂板的外侧或护栏内设置排水管或排水槽。为了符合景观要求，其通常采用遮盖或装饰处理措施遮掩裸露的排水管或排水槽。其中的排水管材质多为铸铁管、塑料管或钢管，其内径应大于泄水管的内径。而排水槽使用的材质则是铝质或钢质，也可用水泥混凝土预制件，其横断面多为矩形或U形，宽度和深度均宜为20cm左右。而纵向的排水管或排水槽，其坡度均不得小于0.5‰。桥面伸缩缝处的纵向排水管或排水槽应设置可供伸缩的柔性套筒。寒冷地区的竖向排水管，其末端宜距地面50cm以上。

第四节　城市道路排水管道施工技术要点

在现代化城市建设中，不可缺少的城市市政基础设施为市政排水系统，其同样是防洪、城市排涝及防止城市水污染的骨干工程，其主要任务是及时对城

市产生的生活污水、工业废水和降水进行收集与输送。该系统具有两方面的作用，一方面对地面积水和人们生产生活的污水进行收集并排出；另一方面确保防汛排水顺利进行。

一、城市道路排水管道存在的问题

①排水管道安装施工工艺选择。若排水管道安装施工工艺选择得当，将对城市交通起到疏通作用，从而有利于城市建筑物美化，推进市政经济建设。排水管道类型多样，常用的包括不锈钢管、铜管等，其往往根据管道类型和管道长度不同，要注意改变安装事项，一般情况下，当其施工的时候需专业的施工人员参与，否则容易引发管道爆裂或泄露等事故。

②道路排水管道方面的不足。通常来讲，很多施工人员会利用混凝土材质的管道展开作业，这样可保证管道的质量和抗压性，不过具体施工中也难免出现诸多问题，如未按照规范标准对排水管道的口径及管材强度等进行选择，可能导致管道破裂，发生渗漏等情况问题。此外，施工人员并未对工程施工前的状况进行调查，没有充分了解施工现场的地下管道布置情况，从而导致管道保护失去保障，一旦安装新管道，极容易引发既有管道损坏，对附近小区居民的生活产生不利影响。

③不合格的道路排水系统管理、维护工作。管道容易受到城市排水系统中大量排污、排水的影响，其损害性较大。因此，市政相关部门需安排专业人员定期对其进行清理及维护，保证排水管道能够正常运行。

二、城市道路排水管道各阶段施工技术要点

（一）准备阶段

在准备阶段，首先施工企业要制订工程任务计划，充分了解施工图和施工现场，而在施工前，要对现场进行清理，排除路障，确保畅通的交通运输，便于出入机械设备及施工材料和机械设备，施工企业还需要全面了解施工现场的地下管道布置，同时做好电力、燃气管道保护措施，使得人们的生活用电及用气得到保证，从而避免既有管道受到深挖开槽损害，保证人们的生活用电和用气；其次，施工企业要对气象资料进行掌握，使施工进程得到合理安排，以免因为降水致使工程施工滞缓，延误工期；最后，采用放线测量方法，标注开挖线和深度，以提高测量数据的准确性，保证施工质量。

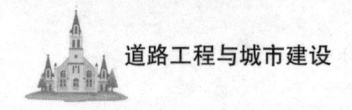

（二）道路排水管道工程的施工阶段

在施工前，做好相关准备工作，方可正式进入施工阶段，道路建设通常要在地下安置道路排水管道，不仅可以疏通交通，还优化城市环境。因此，开沟挖槽是正式施工过程中需做的第一项工作，这项工作以施工现场的土层特性操作作为基本依据，使得施工的安全性得到有效保障，以免塌方或滑坡。由于后续管道安装质量受到沟槽支撑技术、宽度及边坡等因素影响，所以应当重视科学操作，做好排水管道的安装工作。首先，施工企业要对管道质量和检查各项参数加以确认，使其符合图纸要求，并对是否出现裂缝和漏洞进行检查；其次，在安装排水管道的过程中，需特别注意其接口，这是考虑到接口发生在2支管道，当进行连接时特别容易因为挤压产生一定的压力，从而致使几厘米接口处出现接缝凸出的现象，如果遇到这种情况，便需要及时处理，以免杂物拥堵堵塞排水，安装后需对排水管道闭水进行试验；最后，若闭水试验成功，再开始回填工作。不过，进行回填工作前，需清理施工现场的积水、杂物等，同时以防在管道沟槽内有重要物资落下；在回填过程中，对填土的密实度要给予保证，要进行技术性的夯实工作。因此，应当邀请专业人员操作，全面把握夯击力度和次数，做好管道保护措施。

（三）排水管道施工中的管理工作

管理工作是一切工程建设所必须要做的，施工进度、安全及质量都需要有效的工程管理。而施工质量是建筑工程的核心，因此其管理工作十分重要。做好市政道路排水管道施工工作，需做好以下几方面的管理工作：①确保机械设备、施工材料等满足施工要求，以免施工机械设备无法正常运作，影响施工进度；②考虑到市政施工通常都是些上规模的工程项目，通常会将众多的物资安置在施工现场，极易受到环境各种因素的影响出现物料受损的现象，因此安保措施必须到位，从而避免物料损坏造成损失；③对施工人员安排、施工计划等施工各环节做好工程安全措施，要邀请专业施工人员，摒除一些非专业的是施工人员，并对施工团队所涉及的施工进程及工作任务进行明确安排，同时要求施工人员在施工过程中佩戴安全帽，穿好安全服等，规范操作，保证施工质量和人员安全。

第五章 城市道路绿化设计与优化

城市道路绿化是城市道路的重要组成部分，是城市景观风貌与城市形象的重要体现。道路绿化可以改善道路环境，是建设生态城市的关键环节这一。基于此，本章重点解读城市道路绿化规划与选择、道路绿化工程中反季节施工要点、数字城管在城市道路绿化中地应用。

第一节 城市道路绿化规划与选择

城市道路绿化主要功能是庇荫、滤尘、减小噪声，改善道路沿线的环境质量和美化城市景观。

一、城市道路绿化的规划与布局

（一）城市道路绿地率标准

根据《城市综合交通体系规划标准》（CB/T 51328—2018）的规定，园林景观路绿地率不得小于40%，红线宽度大于50m的道路绿地率不得小于30%，红线宽度在40～50m的道路绿地率不得小于25%，红线宽度小于40m的道路绿地率不得小于20%。

（二）城市道路绿化断面布置形式

城市道路绿化的断面布置形式常用的有，一板二带式、二板三带式、三板四带式、四板五带式。

1. 一板二带式

该形式是在车行道两侧人行道上种植行道树。

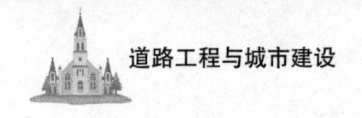

其优缺点如下。

优点：简单经济，用地合理，管理方便。

缺点：当车行道过宽时行道树的遮阴效果较差，不利于机动车辆与非机动车辆混合行驶时的交通管理。

2. 二板三带式

二板三带式用于分隔单向行驶的两条车行道，在中间设绿化带，并在道路两侧布置行道树，形成三条绿带。

特点：绿化数量较大，生态效益较显著，多用于高速公路和入城道路。

3. 三板四带式

三板四带式是利用两条分隔带把车行道分成三块，中间为机动车道，两侧为非机动车道，连同车道两侧的行道树共为四条绿带。

特点：是城市道路绿化较理想的形式，其绿化量大，夏天庇荫效果较好，组织交通方便，安全可靠，解决了各种车辆混合互相干扰的矛盾。

4. 四板五带式

四板五带式利用三条分隔带将车道分为四条，并在两侧人行道栽植行道树，形成五条绿化带。

特点：便于各种车辆上行、下行互不干扰，有利于限定车速和交通安全，常用于城市快速通道。

（三）城市道路绿化规划

对城市道路绿化的总体布局要求，已在城市绿地系统规划中明确，道路绿化规划是对城市道路网的主体（主干路、园林景观路）绿化进行整体景观特色规划；满足道路绿化的功能，营造城市风貌。道路绿化带的植物配置既要考虑防眩减噪，不影响道路附属设施，又要考虑其空间层次、色彩搭配，以体现种植组合的群体节律美。同一条路应有较统一的树种选择与基本形式，道路全程较长，可以在形式上有所变化。

道路绿化带要结合环境，或形成不同特色，或展示自然风貌。

城市道路绿化带要求，种植乔木的分车绿带宽度不得小于1.5m；主干路上的分车绿带宽度不宜小于2.5m；行道树绿带宽度不得小于1.5m；主、次干路中间分车绿带和交通岛绿地不得布置成开放式绿地，路侧绿带宜与相邻的道路红线外侧其他绿地相结合。

二、城市道路绿化的设计要点

（一）道路绿带

①分车绿带，即对车行道进行分隔的绿化带，包括中分带绿化与侧分带绿化。

第一，中分带绿化是机动车道中间的绿化带。这种绿化方式除了能够构成植物景观，最重要的是能够在一定程度上阻挡来自对面车辆的眩光。为了保证阻挡眩光的效果，中分带绿化对植物的高度有一定的要求，一般来说，植物应该与地面保持 1.1～1.5m 的距离。对于宽度在 1.5m 及以上的绿带，需要选择乔木、灌木及草的复层式栽植。植物的配置主要分为三类，一是规则式配置；二是自然式配置；三是混合式配置。当中分绿带被断开时，端部要进行通透式配置。

第二，侧分带绿化是分布在道路轴线两侧的绿化带，用来分隔机动车道及非机动车道，或者分隔同方向的机动车道。该绿带的功能主要包括两种，一是隔离防护，二是衬托中分绿带，使道路绿化的层次感更加鲜明。栽种的植物及方式与侧分带的宽度有关，当宽度小于 1.5m 时，栽种的植物以灌木为主，同时与地被植物相互结合；当宽度在 1.5m 及以上时，通常种植乔木，复层式栽植更为合适。依据环境的不同，侧分带要采用不同的配置方式，一是隔离防尘绿化带，二是疏朗通透绿化带。当侧分绿带被断开时，端部要进行通透式配置。

②行道树绿带，即分布在人行道上的绿化带，实质上也是一种树池带，主要种植行道树，可以分隔人行道及车行道，同时能够起到庇荫的作用。一般情况下，树池的内径要大于或等于 1m×1m，并且应以地被植物、卵石及陶粒等进行覆盖。人流量较少的路段，可以采用行道树与灌木及地被植物穿插种植的方式，构成连续的绿化带。

③路侧绿带，即在人行横道边缘及道路红线范围内的绿化。这种绿化带的设计需要结合相邻用地的性质，根据实际情况，进行因地制宜地布设，要充分考虑到道路防护、行人滞留及景观的完整性和连续性等方面的特点。当绿带的宽度超过 8m，即可建设为开放式绿地。

（二）交通岛用地

按照交通岛用地的分类，其绿化分为两种：一是中心岛绿化；二是导向岛绿化。在对交通岛进行绿化时，宜进行通透式配置，使其具有较强的导向作用。

①交通中心绿岛，即交叉路口处，可进行植被覆盖的中心岛用地。

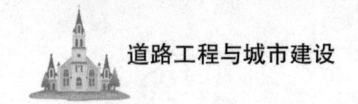

②导向绿岛，即交叉路口处，可进行植被覆盖的导向岛用地。导向绿岛一般种植乔木，并进行复层式种植，对道路节点绿化大有裨益。

（三）道路红线外的绿化景观

道路红线外的绿地设计既要与道路景观相协调，又要满足不同功能需求。

①路边的开放式绿地：广场、游园。开放式绿地中绿化用地面积不得小于总面积的70%，方便行人游览休息，体现城市绿地在营造城市景观中的作用。

②非开放式绿地：行人不可进入，是具有遮挡、防护作用的绿地。

③停车场绿地：停车场周边宜设置隔离防护绿带，种植大乔木；在停车场内宜结合停车间隔带种植高大庇荫乔木。要避免无遮阴停车场（其树枝下高度应符合停车位净高度的规定：小型汽车2.5m，中型汽车3.5m，载货汽车4.5m）。

（四）城市立体交通绿化

高架道（桥）绿化包括桥上与桥下两部分。规划时要注意安全因素，设计要注意桥下的光照时间。在高桥设计时，在桥边栏杆外要预留栽植槽及滴灌设备，不用附加外挂栽植槽，避免安全隐患。桥下宜种植耐阴地被植物；墙面、桥柱宜进行垂直绿化。

三、城市道路绿化的植物选择

绿化植物应该结合不同地区的特点进行选择，主要考虑的因素包括地区的气候特点、地理情况及环境保护措施等，植物应该选择生长稳定，与道路环境相契合的种类。同时，对于不同的绿化植物，挑选的标准也不尽相同。例如，对于行道树，需要考虑根的属性及枝叶等特点，深根性、冠大荫浓的树木更加适合做绿化植物，也要考虑到落果是否会对行人造成伤害；花冠木中花繁叶茂、生长健壮的品种是做绿化的最佳选择；对于绿篱植物及观叶灌木，萌芽力强、耐修剪的品种更加合适；对于地被植物而言，茎叶茂密、病虫害少的植物是最优选择；覆盖率高及绿色维持期长的品种，最佳选择是地被类植物。

绿化树种的选择要符合"植物配置的多样性""适地适树"的原则。

"植物配置的多样性"，就是用不同种类植物、不同层次植物构建不同生态功能的植物群落，更好地发挥植物群落的景观效果和生态效果，形成丰富多彩的群落景观。

"适地适树"考虑的是植物生长的地域性，城市道路绿化中应选择优良乡土树种为骨干树种，积极引入易于栽培的新品种，驯化观赏价值较高的野生物种，是形成特色鲜明的绿化效果、景观多样化的基础。

（一）常见绿化乔木树种

常绿：雪松、广玉兰、深山含笑、香樟、枸橘等。

落叶：银杏、榉树、榆树、杨树、柳树、朴树、鹅掌楸、悬铃木、槐树、本槐、合欢、水杉、枫香、香椿、臭椿、重阳木、七叶树、栾树、无患子、喜树、白蜡树、泡桐、揪树、梓树、杜仲、乌桕、黄连木等。

（二）常见绿化小乔木与灌木品种

常绿：石楠、杨梅、罗汉松、蜀桧、龙柏、枇杷、夹竹桃、山茶、油茶、茶梅、杜鹃、栀子、枸骨、狭叶十大功劳、金边卫矛、银边卫矛、龟甲冬青、南天竹、蚊母、胡颓子、火棘。

落叶：梅、丁香、琼花、金缕梅、蜡瓣花、荚迷、紫薇、紫荆、木槿、鸡爪槭、红枫、紫叶李、紫玉兰、含笑、垂枝碧桃、樱花、垂丝海棠、西府海棠、蜡梅、木芙蓉、珍珠绣线菊、结香、迎春、贴梗海棠、棣棠、石榴、无花果、木瓜、山楂、麻叶绣球、牡丹、玫瑰、探春、溲疏、八仙花、金丝梅、六月雪、金丝桃、月季、山麻杆、卫矛、红瑞木、金叶女贞等。

（三）常见绿化藤本品种

木通、木香、紫藤、忍冬（金银花）、凌霄、蔓长春花、地锦（爬墙虎）、扶芳藤等。

（四）常见地被品种

诸葛菜（二月兰）、丛生、黄菖蒲、石菖蒲、鸢尾、美女樱、天竺葵、垂盆草、酢浆草、萱草、菖蒲、费菜、石蒜、射干、玉簪、玉竹、秋牡丹、鱼腥草、平枝旬子、白三叶、虎舌红、常春藤、月季、长鬃蓼、杜鹃、龟叶冬青、菲白竹、菲金竹、箬竹、麦冬、结缕草、马尼拉草（沟叶结缕草）、黑麦茸。

四、城市道路绿化建设管理的要点

（一）土壤处理

城市道路绿化建筑对土壤要做到"三理"，即土层清理、填土处理、表土整理，土壤的性质对植物栽植后的成活与后期生长起到了重要作用，道路绿化带的土壤往往受道路基础施工的影响，含有杂质甚至偏碱性，常常是造成植物生长不良甚至死亡的主要原因，因此绿化施工过程中，要清理土层，清除土层内各种杂物、石块、混凝土块等；要对土壤处理，测定其酸碱度，对不良土质采取置换或根据种植土状况添加肥料（如有机复合肥）改变土壤；要对地表处理，对土表层适当夯实整平，注意控制覆土高度。

（二）树池

树池是道路绿化的基本元素，树池深度、大小、形式及与其他构筑物的配合都会影响到植物的生长与景观效果。树池要满足大乔木生长的基本要求，深度不小于80cm，树池内径不得小于1m，树池高度一般宜与行道铺装面相平，以便行人不被干扰，同时充分利用雨水浇灌树木。要避免树池与地下管线互相干扰，如果避让不掉，可采用调整位置或提高树池的方法处理。树池可以和座凳、灯光、电话亭、广告牌等设施有机结合，但要充分考虑到人的使用功能，如树池和座凳结合时，既要考虑座凳的方向，使树能有效地遮挡日晒，又要考虑绿化养护管理起来方便，用座凳围死树池和花坛的方式不利于养管。要避免大树小树池（树池内径小于0.8m）的情况，树池表面要做通透式的覆盖处理，树池内除对土壤处理外，还可在栽植过程中盘入透水管，增加土壤透水透气性能，既提高树种成活率，又降低用水量。

（三）绿化与地下管线

在道路规划时应统一考虑各种敷设管线与绿化树木的位置关系，通过留出合理的用地或采用各种管道同沟的方式，让出乔木带，埋深要超过灌木深度，以解决管线与绿化树木的矛盾。

树木与架空管线的水平与垂直距离：380V以下，大于1m；10 000V以上，大于3m。

树木与地下管线的最小距离：人们将树木和地下管线外缘的最小距离定义为树木根茎（土球）的半径距离，这样施工时可以通过管线的合理深埋，充分利用地下空间，一般大中乔木土球半径大于0.8m，其中电力、电线杆柱距乔木中心最小距离为1.5m。

（四）绿化与安全附属设施的关系

绿化与部分安全附属设施的距离如下。

①电线电压在380V以下的，树枝至电线的水平距离及垂直距离均不小于1m；

②电线电压在3 300～10 000V，树枝至电线的水平距离及垂直距离均不

小于 3m；

③公路铺筑面外侧，距乔木中心不小于 0.8m，距灌木边缘不小于 2m；

④道路侧石线边侧，距乔木中心不小于 0.7～0.95m，不宜种灌木；

⑤高 2m 以下围墙及挡土墙，距乔木中心不小于 1m，距灌木边缘不小于 0.5m；

⑥高 2m 以上的围墙，距乔木中心不小于 2m，距灌木边缘不小于 0.5m；

⑦建筑物外墙无门、窗，距乔木中心不小于 2m，距灌木边缘不小于 0.5m；

⑧建筑物外墙有门、窗，距乔木中心不小于 4m，距灌木边缘不小于 0.5m；

⑨电力电线杆，距乔木中心不小于 2m，距灌木边缘不小于 0.75m；

⑩电力电线拉杆，距乔木中心不小于 1.5m，距灌木边缘不小于 0.75m；

⑪路旁变压器外缘、交通灯柱、警亭，距乔木中心不小于 3m，不宜种灌木；

⑫路牌、消防龙头、交通指示牌、站牌、邮筒，距乔木中心不小于 1.5m，不宜种灌木；

⑬天桥边缘，距乔木中心不小于 3m，不宜种灌木。

除此之外，还要注意以下几点。

①行道树与交通标志要注意互相避让，应保证在 50～100m 的范围内驾驶员能看清标志牌，弯道口、T 字入口、导向入口等处若因枝叶影响到驾驶员视线，要及时修剪。

②消防龙头与乔木要保持 1.5m 的距离，路旁变压器、交通灯柱与乔木要保持 3m 的距离外，还要考虑设备的使用、检修与更换。

③供行人使用的安全附属设施（广告箱、信息栏、站牌、邮筒、警亭、报亭）周围的绿化，要简洁明了，便于识别，并在迎面留出铺地，便于人停留。

④公交车站台在考虑防雷电的基础上，应与落叶行道树结合，以便"冬有阳光、夏有浓荫"。

（五）道路绿化施工与养护的关键

施工与养护都需要认真做好每一个环节，抓实、抓细、抓具体。

①施工时，绿岛绿带的基槽深度应满足栽植需要，防止因过浅、提高表土高度、浇水后引起泥浆外溢。

②施工时应避免苗木栽植株行距过小，尤其是灌木色块栽植，过密虽然前期一时好看，但不利于苗木生长，易发病虫害，影响后期景观效果。

③养管期间，要控制苗木的高度与密度，要及时对绿篱及树木进行修剪，及时清除杂草，对苗木的密度予以关注，要及时进行梳理与移栽。

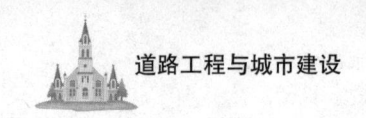

第二节　道路绿化工程中反季节施工要点

随着社会经济不断发展，城市规模日渐扩大，城市人口大幅增长，机动车辆持续增加，直接导致了道路的需求加大，与此同时，道路绿化的作用越来越受到人们重视。依据植物生长的季节性特点，在适宜的季节进行施工，既能够保证植物的成活率，有效降低绿化成本，也能够取得较好的绿化效果。然而，在施工的过程中，由于绿化项目程序较为复杂，项目周期较长，就会存在错过最佳种植期的问题。因此，如何实现成本控制及景观效果，是工程师们在道路绿化过程中要重点考虑的因素。

一、组建绿化项目部

①建设单位。它由具有丰富施工经验的团队构成，这些人员通常具备极高的突发事件处理能力，高度的责任感，还有极强的沟通能力。

②绿化施工单位。该单位需要具备充足的人力、物力资源，如苗源、相关器械及专业技术人员等。

③监理单位。监理人员要具备专业技术，同时需要有极强的责任心，对工程进行严格监管。

④绿化设计单位。伴随绿化项目地推进，绿化现场会持续发生变化，可能出现与最初的设计图纸存在差异的情况，因此设计人员需要结合实际情况，对设计图纸进行实时调整，以确保项目顺利推进。

二、施工

（一）施工前的准备

①组建项目部—现场勘察—熟悉图纸—技术交底—回答疑问—进场施工。
②业主方、监理方、施工方均应进行岗前培训。
③落实工程材料。

（二）水电施工

由于水电口有限，施工时需要为绿地铺设过路管线，把水、电引入绿地。根据供电、供水的设计规范，管线埋深必须大于等于 0.8m，即两层水稳层构筑完成后，开挖沟槽，坡度为 0.003 左右，宽度为 D+400；进行管道直埋施工时，

穿越段的管道要以环氧沥青钢套管作为保护外套，达到加强防腐的目的；进行管道水压试验，合格后方能回填，用商品混凝土修复水稳层。

（三）土石方施工

绿化土方施工要求土方车辆为密闭型土石方运输车，施工现场应设置清洗设施、环保监测设备，配备专职清扫人员。

（四）绿化施工

1. 植物地选择

受气候的影响，反季节施工对植物属性要求有所提高，在选择植物品种时，应选择生长力强、无机械损伤及根系发达的植物为宜。同时，针对特色品种，需要做预处理，如大规格苗要进行断根处理。

2. 土壤处理

生土无法提供植物生长所需要的养分，需要对其进行改良，具体操作过程包括：采样、检测及施肥等后续工作。设计人员要在建设单位人员或项目监理人员的陪同下，对生土进行采样，检测相关指标，包括 pH 值、有机质及养分等；加入有机肥，一般按照每平方米 75～120kg 的标准进行施肥；再进行压平、浇灌等处理。

3. 苗木起挖与运输

①对于大规格的苗木，需要进行断根处理；剪枝，以疏剪为主；喷洒抑制蒸腾剂。

②保证苗源地的水量。根据当地的气候，适度浇水，使土壤的湿度适宜，保证土球质量。

③控制好起挖时间，最好在阴雨天或者黄昏时分；装载的过程中，苗木排列要紧密，以保证土球完整。

④运输途中，需要保证苗木水分充足，要及时喷水降温。

⑤苗木被送到栽种地，需要及时栽种。

4. 种植穴与土球规格

反季节种植苗木对土的要求也较高，如土球规格及种植穴的尺寸。对于大规格苗木，为了便于栽种，种植穴要比土球大 20cm。另外，种植前，要在穴内放入有机肥料，并与土壤充分搅拌。

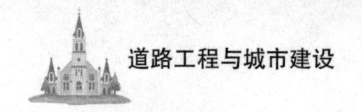

5. 修剪

种植前，需要对苗木进行修剪，不同的苗木品种，修剪得方法也有所不同。对于落叶乔木，需要除去病虫枝、重叠枝及交叉枝等，并适当去除叶子，减少水分蒸发；对于常绿乔木，主要剪去枯萎枝，同时为了方便种植，去除树木底部的枝条；对于花灌木，以疏剪为主，去除萌生枝及病虫枝等，并适当去除叶子。

6. 苗木种植

苗木种植品种有乔木、灌木、花卉、地被、草坪。苗木的防护需要根据季节而采取不同的方法，夏季要进行遮阴处理，冬季要进行防寒、防风处理。新栽种的树木要按时浇定根水、二水及三水。有些植物不喜水，需要及时封堰。对于生根困难的品种，需要在其根部喷洒生根液。

三、反季节绿化养护管理

① 1～4月，需要对绿化植物进行防风、防火及防寒处理；同时还需要对植物进行基础保护，及时清理受到污染的积雪，适当修剪树枝。三月中下旬，结合植物的实际耐寒情况，开始拆去防寒设施。四月中下旬，开始种植草花及球根花卉等。

② 5～8月，结合气候情况，适时浇水，除草施肥，适度修剪，涂抹防菌、防虫剂，同时要注意排水。

③ 9～次年1月，要对植物进行剪枝，增强苗木抗冻能力。

第三节 数字城管在城市道路绿化中的应用

一、数字城管网格化

在上线数字城管平台之前，道路绿化巡查、问题位置记录、上报都是依靠人工，这就难免存在一些问题。一方面问题发生地的信息不精确，另一方面信息记录方式采用的是纸质记录，巡查结束后，人工汇总统计，再进行统一整改，效率低下。数字城管平台上线后，实现了道路绿化的网格化管理，降低了人员工作的复杂度，切实提升了问题处理的及时率。网格化管理，就是把全市范围内的道路绿化区域进行精确划分，将其分成多个单元网格，并将网格分配给相应的管理单位及监管个人，在此基础上，如发现某处绿地损坏，借助数字平台就可以进行便捷处理。例如，某处绿地护栏遭到破坏，信息采集人员发现问题后，

上传相关照片，城管系统获取采集人员的位置后，将位置信息传输到指挥平台，由平台将位置信息与负责单位进行匹配，再将匹配信息传输到综合服务平台，责任单位在短时间内即可获得绿地损坏信息，并获得精确的位置信息，然后可以到指定地点进行修复，案卷办理的整个流程及所需时间都能在系统中完整地保存。数字平台切实提升了问题解决的速度，尤其对于紧急状况，其效果更加明显。

二、数字城管应用在城市道路绿化中存在的问题

（一）查找处置单位及批转案件耗时

随着道路绿化越来越受人们重视，城市道路绿化项目越来越多，绿化面积也在逐年加大，基本实现了推窗见绿的目标，但在道路绿化方面仍存在一些问题。最突出的问题表现为，道路绿化项目的承建单位较多，一旦绿地出现问题，无法快速找到对应的承建单位。另外，为了确定承建单位，还需要与相关单位的人员进行对接，并到问题现场确认，严重拖延了问题的处理时间。

（二）道路绿化植物种植有季节性

依照城管系统对补植件的相关规定，补植件处置要限定在 3～5 天，同时一年内案件的延期率要控制在 20% 以内。相关数据表明，大部分城市都存在延期率高这一问题。

（三）市民满意度较低

为了及时了解群众问题，及时给予反馈，市信访局为群众提供了 12345 服务平台，该平台将群众满意度作为重要的考核标准。但从目前的考核结果来看，群众的满意度较低。这种情况的主要原因在于群众对于绿化的相关规定不了解，提出的要求存在不合理之处。

第六章 海绵城市建设理念及其在城市道路工程中的应用

海绵城市建设是我国城市化进程的一个重要发展方向，它与传统的建设具有较大区别，海绵城市建设难度较大，可能会导致管理过程中出现一些问题。因此，本章重点解析海绵城市建设的内涵与目标、海绵城市建设现状、海绵城市道路设计技术流程与要点、海绵城市建设理念在城市道路给排水设计中的应用，并以福州市为例探讨海绵城市建设理念在城市绿地设计中的应用。

第一节 海绵城市建设的内涵与目标

一、海绵城市建设的内涵

海绵城市指城市具有海绵的弹性特征，能够较好适应和应对自然环境的变化，可在降水充足时储存多余的水量以满足日后的用水需求，实现了对水资源的完美利用。政府在加快建设城镇化的同时，要大力推广海绵城市地建设，建立低影响的开发建设模式，合理利用城市的雨水资源，减少水源污染，完善自然排水系统及生态排水设施，完善城市绿地、道路、水系等建设，发挥雨水吸纳储存功能，保证开发建设后的城市水文质量，建立有效的城市泄洪排水通道，减轻城市内涝，做到节约水资源，优化城市生态环境。

长期以来，现代城市雨水处理的策略包括自然处理和人工工程建设两种，其中人工工程建设主要依靠明渠、暗沟、合流制或分流制地下管网和堤防、泵站、涵闸等一系列的"灰色"基础设施，以"快速排除"和"末端集中"控制为主要规划设计理念。但随着近十年来城市化进程加快，各类城市功能用地及硬化地表、建筑随着人口规模提高而同步快速增长，不透水的地面取代了自然地表，

改变了径流产生和汇聚的规律，直接导致了城市综合径流系数增加，传统城市的排水系统不堪重负，暴雨后受灾地区分布多、范围广，城市内涝灾害严重，而暴雨内涝后由雨水冲刷带来的面源污染也使得城市水环境污染更加严重。由此，城市雨洪问题引起了社会的广泛关注。

城市雨洪管理实践在国际上已经有了较为系统的研究体系，具有代表性的包括美国的最佳管理措施（BMPs）、低影响开发（LID），英国的可持续城市排水系统（SUDS），澳大利亚的水敏感性城市设计（WSUD），新西兰的低影响城市设计和开发（LIUDD）等，其基本理念均强调在城市建设过程中，要维持开发建设前的场地水循环及径流水平，但彼此之间也略有差异，如美国的最佳管理措施（BMPs）及由此衍生的低影响开发（LID）策略，强调最大限度从分散化单独地块源头开始控制雨水、处理雨水，以此来减少径流总量和径流污染排放，达到恢复开发前的径流水平和生态水循环的目的；而澳大利亚的水敏感性城市设计（WSUD），提倡将雨水整合到城市设计体系中，强调雨水综合循环利用、将雨水作为替代水源以减少水需求量及提升城市整体生态环境质量等多重目标，更多考虑集约化的雨水综合利用模式；英国的可持续城市排水系统（SUDS）基于其城市密度大、基础设施发展较早的现实，其雨洪管理更倾向于高密度环境结合的基础设施改造与生态功能补偿，在此基础上，实现城市综合环境改善和水质控制。总体来说，各国的城市雨洪管理名称和内容虽然略有差异，但基本理念是一致的，都重视城市生态环境的可持续发展。

依据城市雨洪管理实践的研究，从传统的灰色排水系统到灰绿结合的综合雨洪管理系统是社会和城市发展的必然选择。要实现这一转变的重要因素便是城市中的各类绿色元素，也就是海绵城市建设中提及的绿色基础设施。所谓的绿色基础设施是一个相互联系的绿色空间网络，由各种开敞空间和自然区域组成，包括城市水系、城市绿地、城市绿道、城乡湿地、乡土植被等，这些要素组成了一个相互联系、有机统一的网络系统，相较于传统的灰色基础设施，绿色基础设施是一种高效低碳的公共服务载体。从资源消耗上看，绿色基础设施因其建设手法遵循自然规律，建设材料简单，维护程序易操作，所以可以减少人们对于不可再生资源的依赖，节约建设和管理维护成本。更重要的是，绿色基础设施可以更好地提升城市的安全性和对气候变化的适应性，保护生态环境、削弱城市建设带来的影响、提升城市安全、消减城市自然灾害损失、保护生物多样性、促进粮食生产、适应气候变化等多样的生态服务，同时带来公共健康改善、社区价值提升、资产升值等综合社会经济效益。

中国的海绵城市建设在传统的城市雨洪管理基础上，依据中国的国情、问

题和目标，因地制宜地有了新内涵。其内容涉及低影响开发设施建设、排水系统建设、污水系统建设、河湖生态水系建设、市政给水系统建设等多个方面，并由它们组成一个和谐运转的城市水系统。这个系统需要绿色基础设施与灰色基础设施相互结合，共同实现源头削减、过程转输、末端调蓄的全流程控制体系。

建设海绵城市必须完成低影响开发雨水系统、城市雨水管渠系统和超标雨水径流排放系统建设，这三个系统彼此紧密关联，互相融合，相辅相成。以上下游的关系相互关联、协同作用，且承担着不同的角色，它们都是海绵城市建设的重要基础元素。

①低影响开发雨水系统是指专门处理中小降雨量径流总量和污染物的系统，其核心是要保证城市开发前后水文特征稳定，如径流总量、峰值流量、峰值时间等都要保持不变，通常以年径流总量控制率和预计降雨量为依据。从水文循环来讲，开发时要保证径流总量稳定，就必须保证足够的径流量能够得以渗透和储存下来；要保证峰值流量稳定，就必须采取渗透、储存等方式来降低峰值，拉长峰值时间。

②城市雨水管渠系统是指主要处理10年一遇的暴雨径流的系统，其控制目标是有机结合传统排水管渠系统、泵站等灰色排水设施和GSI、BMP等新型排水基础设施，建设综合一体的蓄排系统，综合控制利用雨水，并结合低影响开发雨水系统来进一步提升排水能力。城市雨水管渠系统具有快速排水的功能，但在工程量、改造便捷性、能耗及提供综合服务等方面仍有欠缺。在实际建设中，其往往需要结合雨水花园、植草沟、调蓄池、下渗区等绿色基础设施，在管网末端设置调蓄池可以通过暂时存储原本要溢流的合流污水来简单有效地实现暴雨径流消减，构建综合的蓄排系统实现对雨水的综合控制。

③超标雨水排放系统，针对10~100年重现期的暴雨径流，人们会采用自然或人工水体、道路或者公共区域的排水通道及大型调蓄设施等来处理，并适当应用低影响开发雨水系统和常规雨水径流蓄排系统来共同应对处理20或50年一遇或者更高等级的暴雨灾害。

二、海绵城市建设的目标

为加快推进海绵城市建设，修复城市水生态、涵养水资源，增强城市防涝能力，扩大公共产品有效投资，提高新型城镇化质量，促进人与自然和谐发展，国务院办公厅在《关于推进海绵城市建设的指导意见》（国办发〔2015〕75号）中明确指出，通过海绵城市建设，综合采取"渗、滞、蓄、净、用"等措施，最大限度地减少城市开发建设对生态环境的影响，将70%的降雨就地消纳和利

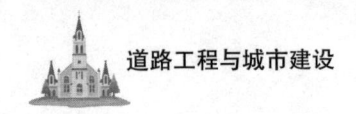

用。到 2020 年，城市建成区 20% 以上的面积达到目标要求；到 2030 年，城市建成区 80% 以上的面积达到目标要求，并整体实现"小雨不积水，大雨不内涝，水体不黑臭，热岛有缓解"的总体愿望。

海绵城市建设重在全流程管控，从规划、设计、建设到考核验收，每一个环节都要严格把握，并遵循相关标准规范。其中，在规划阶段应明确海绵城市建设的要求和相关指标，从而使整个城市规划体系能够系统性、综合性地体现和落实海绵城市规划建设的理念、原则、方法及技术措施。在设计阶段，应将规划的主要相关控制量如年径流控制率、内涝防治指标、径流污染控制指标等通过不同的设计手法予以落实，并采取有效措施予以保障。在建设阶段，城市建设主管部门应通过"两证一书"等途径进行整体指标控制，并在后续的管理中严格要求工程项目实施必须遵循海绵城市建设要求，完成规划设计的建设任务，并达到相关考核验收标准的要求。海绵城市的验收环节又关系着考核是否达标及绩效评估体系如何执行，是考核海绵城市建设运营成效的重要工具。

第二节　海绵城市建设现状

一、我国海绵城市建设现状

2015 年 3 月 4 日，三部委确定 22 个城市参与国家海绵城市建设试点城市竞争性评审答辩，最后有 16 个获得海绵城市的资格。根据评审得分，最终确定以下城市为我国海绵城市建设试点城市：迁安、白城、镇江、嘉兴、池州、厦门、萍乡、济南、鹤壁、武汉、常德、南宁、重庆、遂宁、贵安新区和西咸新区。

建设海绵城市需要投入大量资金，涉及很多方面的市场资源，如材料、工程等。截至目前，我国首批海绵城市建设试行试点，其总投资额达到了 300 亿元。这些试点城市按照等级的不同，每年领到国家财政的专项补贴的数额也有差异：所有试点直辖市每年可获得 6 亿元，所有试点省会城市每年获得 5 亿元，其他城市每年则获得 4 亿元。这些专项补贴推动了城市基础设施改善及人居环境优化。

我国海绵城市建设步伐正在不断加快，相关行业发展迎来了重大机遇，但同时也面临着更多的挑战和问题，有待人们去应对和解决。

二、我国海绵城市建设面临的问题

①国内缺乏建设经验。我国的海绵城市建设，城市生态的保护和改善主要以政府为主导。许多城市虽已进行了大量尝试，但是由于我国的海绵城市建设起步较晚，人们对相关概念和技术的理解掌握还不够，导致海绵城市建设理念落后于时代发展。

②无法结合本地实际发展情况。一些城市和地区不落实调研勘察工作，不考虑地区的发展现状和地区基本情况，设计方案时不与本地区的实际发展情况相结合，导致海绵城市建设结果不符合预期目标。

③缺乏多元化的融资渠道。各地没有建立PPP（政府与民间资本合作）建设模式，一旦地方政府出现资金不足的问题，民间资本也难以运行。此外，部分地区政府的信用度不高，难以募集到足够的海绵城市建设资金，融资艰难。

④缺乏对海绵城市的认识和参与。目前，我国的海绵城市建设还处在探索试点阶段，人们对海绵城市的概念认识不足，没有意识到建设海绵城市的重要性。因此，我国大部分城市仍旧沿用传统的城市建设模式，先进的城市建设技术难以得到推广和应用，海绵城市很难实现大规模发展。

第三节 海绵城市道路设计技术流程与要点

设计海绵城市道路时首先要保障交通安全和功能，再巧妙利用道路的地形特征，道路机动车道、人行道、停车场和绿化带等区域要安装透水装置或铺设植草沟、下沉式绿地、雨水湿地等LID设施，建立海绵性的城市道路，使道路具备排储水及渗水、净化等功能。

道路的高程设计和横断面设计、绿化带设计及海绵设施与常规排水系统的衔接设计等方面也应包含在海绵性城市道路的设计范围之内。施工方应根据区域特征选择，建立可行又经济便利的城市道路低影响开发设施，即海绵体，在完善城市道路基本功能的基础上实现低影响开发预期控制目标，满足相关规划提出的指标要求。

城市道路要建立海绵体，合理引导汇集及对径流雨水进行去污处理，充分发挥道路边缘的内、外绿地（绿化带）的调蓄、渗透功能。

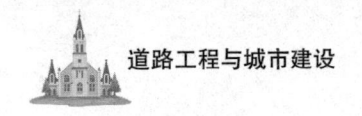

一、海绵城市道路设计技术流程

首先，雨水会进入道路绿带；其次，截污设施会对其进行处理；最后，进入道路红线外的绿地，由于安装有 LID 设施，多余的雨水径流会被吸收。此外，当只有少量的雨水流入道路绿带时，道路绿带还可以吸收红线外的绿地渗透不了的雨水径流。出于便利雨水排放的目的，需要为道路绿带设置一个与雨水管网相通的溢流口。

二、海绵城市道路设计要点

海绵城市道路设计的原理是道路生态排水。

（一）海绵城市道路设计的原则

设计海绵城市道路需要遵循的基本原则如下。

①因地制宜，建立经济便利、高效可行的开发模式，充分发挥道路红线内外两侧绿地的调蓄功能，在不妨碍道路交通功能和安全的前提下安装 LID 设施。

②横坡坡向的设计要体现科学性，合理规划路面、道路绿带及红线外绿地，使雨水能顺利流入 LID 设施中。

③运用 LID 设施对雨水进行去污处理，净化水体，防止面源污染。

④种植抗寒性、抗水性、抗污性强的本土地植物。

⑤采用 LID 设施时，注意采取必要的防渗措施，避免影响道路路面下其他基础工程设施。

建设新的道路时应遵循海绵城市低影响开发（LID）的建设要求。设计道路时应统一协调道路横坡坡向与路面、道路绿化带及边缘绿地的竖向关系，使路面上的雨水径流顺利流入海绵体。在各层路面结构交接处和道路外侧都应建设绿化带，设置海绵设施来实现雨水有效调蓄和排放。

（二）海绵城市道路分项设计的要点

1. 机动车道的设计要点

施工前要在合适的路段进行试点，设计成透水沥青或透水型混凝土路面。为了防止雨水渗透路基，破坏路面结构，铺设透水路面时，需要在其中间和下面铺设非透水性材料，表层则采用透水沥青混凝土材料。这样，雨水渗入透水沥青混凝土路面的内部，由于不透水材料阻隔，雨水会沿中间横坡分别流进盲沟或者路两边的分隔带中。如果道路与人行道相连，建设时需要

在表层埋设有固定距离间隔的排水管道，使雨水沿着纵向坡度流入雨水检查井中。

透水车道的拱横坡坡度的最佳值为 1.0%～1.5%，路面纵坡的坡度值最低不应超过 0.3%，最高不应超过 6.0%。

2. 非机动车道路面的设计要点

路面应具备透水性。人行道路面应铺设透水砖材料，自行车道路面则可铺设透水砖或透水沥青。

出于调节路面温度和湿度保证地下水量充足的目的，非机动车道和人行道路面应使用透水性材料，使路面雨水可以下渗到土壤中。透水性能较弱的路面土壤，可在其表层埋设排水管道。

设计透水性非机动车道和人行道的路面横坡坡度时，应根据具体透水情况横坡坡度应控制在 1.0%～2.0%，而其纵坡坡度应低于 2.5%。

透水砖材料价格实惠，铺设起来难度较低；预制混凝土制成的透水砖性能更好，颜色丰富，图案花样繁多，缺点是承载能力及综合性能较差。因此，适宜动工成本较低、承载力较小的道路路面铺设。

透水水泥混凝土价格较低，铺设工作也十分容易，综合结构性能良好，有着极强得承载力，可用于大规模的机械施工，缺点是色彩单一，审美体验差。因此，它可用来铺设对承载力有着高要求、不追求审美享受及便于大规模机械化施工的路面，适宜用来铺设广场、小型车辆停车场等。

3. 道路附属绿地的设计要点

道路绿化带的高度应低于路面。道路绿化带的设计形式多样，有下凹式绿地、植生滞留槽、植被草沟或生态树池等。此外，坡度较大的路段可设计成梯田式的绿化带。

海绵城市低影响开发设施的基本功能是方便路面雨水径流流入绿化带中，其具有储存、调蓄、净化雨水的能力。由于城市道路空间有限，分车绿带可以设计成带有 LID 设施的下沉式绿地、植草沟、雨水花园等形式，还可在行道树绿带建立生态树池。由于雨水下渗会破坏路基结构和地下设施，因此安装 LID 绿化设施时还要进行防渗设计。

4. 路牙、雨水口的设计要点

路牙应设计成孔口、格栅或其他形式以方便绿化带顺利收集道路雨水径流。

路缘石是在城市道路边缘设置的排水设施，高度应与附近地面持平，这样地表不同方向的雨水径流就会流进绿地，汇集到一起流入雨水口，否则雨水就

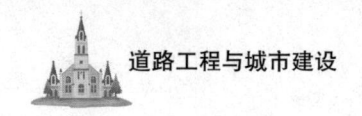

会直接汇集流入雨水口。路缘石的主要功能在于可有效地分隔机动车、非机动车和行人，但不具备引导路面雨水快速流入绿化带的功能。

传统雨水口面临的问题是容易堵塞，径流水质较差，在海绵城市道路统计时可设置截污雨水口、截污检查井或截污水池等来加以应对。

绿化带中的雨水口应配有 LID 设施，雨水口高度应高于下沉式绿地，低于路面。路面的径流雨水会先通过豁口路缘石，随后流入具有过滤功能的截污雨水口，再渗入绿化带或被植物吸收，但是当土壤和植物的含水量达到饱和状态，多余的雨水就会被市政排水管道排走。

5. 横断面的设计要点

与传统城市道路相比，海绵城市道路的独特之处主要表现在五个方面：路面材料、道路绿带、路缘石、雨水口和路边沟。

①路面材料。机动车道的路面主要由透水沥青混凝土材料组成，非机动车道和人行道的路面铺设材料是透水水泥混凝土或透水砖，其表层会埋有与路边绿带相通的排水管道，雨水渗入，沿着道路横坡流进排水管道。

②道路绿带。如果道路中间的分车绿带不足 1.5m 宽时，中间分车绿带会设置高度为 0.6～1.5m 的植物花园或下沉式绿地以减弱对向行驶车辆的灯光亮度；如果其宽度超过或正好是 1.5m 时，在中间建立乔木雨水花园或设置生物滞留带；如果绿化空间足够，应根据景观审美需求进行设计。

③路缘石、雨水口和路边沟。路缘石应设计成豁口型，这样一来可以有效地分隔机动车、非机动车和行人，二来可以顺利引导雨水流入绿带中的雨水口。雨水口主要作用是迅速有效地收集地面雨水。路边沟的功能相当于路侧绿带、植草沟、雨水花园等。

6. 市道路排水系统的设计要点

①雨水口应位于绿化带中，高度应介于绿地和路面之间。

②应选择环保型，带有截污功能的雨水口。

③应根据市政道路的具体情况设置雨水调蓄设施，应充分利用河道、湖泊等自然水体的调蓄功能，另外在合适的公路区段沿线可以人为修建雨水调蓄池。

④在道路空间允许的情况下，设计时可在沿线设立雨水湿地滞洪区来分流、处理、调蓄、储存道路雨水。

第四节　海绵城市建设理念在城市绿地设计中的应用

随着我国经济快速发展，城市的多元化进程加快，我国城市化水平正在不断提升，这样使得城市建成面积在逐步扩大，从而使原生自然景观不断消失，而且以往那些由钢筋水泥浇灌的灰色建筑，转而成为各种人造景观，如城市建筑、交通设施、人造公园等。

城市建筑发生改变，导致一些城市建成区的地表变成了不透水面，自然环境与城市环境不再相关，从而引发了诸多城市水环境问题。

而面对如此环境问题，"海绵城市"的城市建设理念应运而生，这种城市建设理念不同于以往以工程性措施为建设依据，立足城市规划及设计的低影响开发技术，而是采用"人与自然和谐相处"的理念，转变"水适应人"为"人适应水"的治水思维。这种新的建设理念发展至今，已经较为成熟，为中国城市水问题提供了良好的解决方案，其重要性不言而喻。

一、城市绿地在海绵城市中的作用

海绵城市建设过程中可对绿地的相关功能进行满足，以此更好发挥海绵效应。而在降水过程中，绿地的海绵效应表现为如下三个层级：①截留功能可体现在绿地上的植被遇雨水所发挥的作用，且截留效率关乎植被结构、降水强度、降水量等因素，如灌木草本层可截留1.8%～16%的大气降水，林冠层可截留15%～35%的大气降水；②蓄水功能是绿地地表的枯落物层作用于土壤从而使其性状改善及蒸发方式减少，使绿地起到蓄水作用；③雨水被绿地土壤层吸收，其吸收的一部分渗入地下水，供应当地河流湖泊及地下水，另一部分供应表层植被生长，而土壤层吸收雨水的强度与土壤理化性质、坡度、地面高程、降雨强度、降雨量等因素有一定关联。

另外，城市绿地遇到降水，将会充分发挥吸附过滤作用，首先将带有污染物的雨水吸收，然后将其沉降并过滤，而那些吸入土壤层的雨水能供给表层植被生长，从而使得土壤缺水状况得以改善，减轻土壤污染，使得土壤生态系统得以平衡，一旦城市绿地的截留吸收能力低于降雨量及降雨强度时，便会形成地表径流。一旦出现地表径流过大的情况，势必会造成不通畅的引流排水，最终酿成洪涝灾害。

而海绵城市建设，便可有效解决以上问题，通过城市绿地可使径流速度得到减缓，同时促进雨水下渗，并对径流中的固体颗粒物加以过滤，使污染物沉

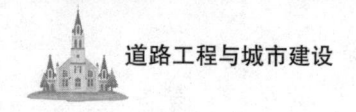

降效率得以提高。

其实,城市绿地如同一块巨大的海绵,不仅使水生态系统实现良性循环,还可发挥景观再造功能。

二、海绵城市建设研究区的概况

福州市地处我国东南沿海地区,是福建省省会、海峡西岸经济区中心城市之一、国家历史文化名城、滨江滨海生态园林城市。本书以福州盆地中心的福州市主城区(鼓楼区、仓山区、台江区、马尾区、晋安区)及其毗邻地区(闽侯县的部分地区)为具体的研究范围,其总面积为1 230.4km^2,常住人口约306.1万人。该区域属于亚热带季风气候,夏季降水集中多暴雨,还会受到台风的影响,产生强降雨。近年来,由于福州市区河网密布,城市排水管道压力较大,在暴雨多发季节福州市出现城市内涝的新闻也多见诸报端,是我国城市内涝问题最为严重的城市之一。在2016年海绵城市试点竞争性评审会议上,福州市入选成为全国海绵城市建设的试点城市之一。

三、福州市城市绿地在海绵城市建设过程中的作用

接下来本书将从福州市的水文特征、福州市的地势特点及绿地布局等方面着手,简要分析福州市主城区城市绿地在海绵城市建设过程中的作用。

(一)福州市的水文特性

福州是一座因河而兴的城市,主要河流有,闽江干流(福州段)、梅溪、大樟溪、鳌江、龙江等,其中梅溪、大樟溪为闽江支流,鳌江、龙江为独立入海河流。受地理位置、地形和气候条件的影响,福州区域内的降水分布很不均匀,主要表现为降水量沿海少于内陆、平原少于山区。内陆山区多年平均年降水量在1 600～2 000mm。由于山脉对水汽的阻挡和抬升作用,大樟溪的中游、溪源溪的上游、鳌江的上游等形成了小范围的降水高值区。

福州位处亚热带季风气候,该区域凸显的降水特征极具季节性,尤其在台风、夏季风的影响下,基本上4～9月为福州降水的集中时段,其降水量在全年总降水中的占比达70%～80%,具有持续时间长、范围广的特点。

强大的降雨量导致福州容易引发洪涝灾害,因此在福州建设海绵城市十分有必要,这样不仅可以为市民营造良好的居住环境,还能解决内涝问题,有着极大的现实意义。

（二）福州市的地势地形

福州市的地理位置靠近闽江下游河流入海口，周围被群山峻岭所环绕，东有鼓山，西有旗山，南有五虎山，北有莲花峰，海拔在600～1000m，为典型的河口盆地地形。区内地貌以丘陵为主，另有平原、台地、低山等，海拔多低于1000m。主城区面积主要分布于地势较低的山间盆地地区，且99%以上分布在海拔高度80m、坡度20°以下的区域。由于地势原因，三面山脉来水直接流向平原区，再和平原区流域内的来水一并通过市区南北向主干道晋安河、凤坂河、白马河等河流地输送，汇入闽江。

在福州，像金牛山公园、国家森林公园、乌山公园、金鸡山公园等这些城区绿地，大都分布于海拔较高的区域。从整体上来看，该城市的绿地分布相对比较合理，不合理之处在于绿地很少分布在市区低地中，排水主要依赖路面汇集，借助地下管网排涝，而一旦遭遇台风或暴雨时节，必然给城市管网带来巨大的排水压力，导致城市内涝发生。

因此，建设海绵城市，需因地制宜，遵循地形形势，起到引流的效果。具体的措施如下：将绿地分设在地势较高的地方，实现坡面截流，使得汇入低地的水量减少，与此同时，灌溉坡面绿地，有效发挥透水层的作用；而当地势较低时，可通过多种方式进行分流，不仅使得城市内河与绿地得到充分利用，还要加大城市地下排水管网建设，而两者可在一定条件下进行有机结合。这样既能对城市内河起到治理的作用，又可以充分利用城市绿地，从而使得城市区域内的综合环境效益得到提高。

（三）福州市的绿地布局

据统计，福州市建成区绿化覆盖率达到37.6%，绿地率达到31.5%，人均公园绿地面积达到9.68m^2。政府在市区修建了较多的公园绿地建设，如温泉公园、西湖公园、左海公园等位居城市中心的公园，道路绿地也占了相当大的比重，这不仅能美化城市，也能改善道路的环境，起到减噪、降尘、增氧的作用。

在福州，通过分析遥感影像数据人们可知，该区域的绿地建设规划并不完善，较为严重且分布不均的是城市绿地被分割，常见于南台岛、鼓楼两区及福州晋安，其中南台岛植被以靠近闽江的仓山区向南萎缩为主；而绿地板块向北萎缩则发生在晋安、鼓楼两区，从而引发城市生物多样性面临退化与丧失的威胁。因此，福州整座城市的绿地布局需依据客观环境，因地制宜。在建设该城市绿地时，应当融合相互独立的廊道和城市绿地斑块，相互结合市区的绿地，从而构建相互关联的系统，使得城市绿地作用得到充分发挥，同时使得各部分结构得到优化，使其产生的环境效益大于简单的城市绿地斑块。

为充分发挥湿地环境功能，整治河流滩地时应对河滩湿地加以保护。在河道规划治理过程中，行之有效的方法是借鉴俞孔坚教授建设海绵城市的经验，使河滩湿地的环境效益得到充分发挥，采用河流排水功能，紧紧围绕河流建设城市绿地带。这样的话，河滩湿地可以得到保护，城市环境得以美化，充分发挥城市绿地在保护生物多样性方面的作用，合理建设"海绵城市"。

第五节 海绵城市建设理念在城市道路给排水设计中的应用

一、海绵城市在道路给排水设计中的应用现状

在市政道路的排水中，应用海绵城市建设原理，打破原来以排为主的排水模式，转而通过雨水花园、下沉式绿地等结构，吸收并利用城市排水，从而有效实现循环利用水资源及减排促渗的目的。另外，通过在市政道路排水中运用海绵城市，科学合理地调动了道路系统、绿化系统、基础设施系统等，从而实现有效利用、储存及合理收集雨水的目标。因此，在市政道路的排水系统中，运用海绵城市可有效解决内涝严重、城市用水紧缺等问题。

2015年10月，国务院颁布了《海绵城市建设相关指导意见》（以下简称《意见》），政府以此为依据来指导海绵城市的建设发展。其中指出各城市应当从自身实际出发，加大力度建设海绵城市，使得生态环境在城市开发建设中得到保护。而且，合理收集并运用雨水资源，更好地推进各地城市建设进程，储存并运用城市降水量的70%。此外，《意见》明确指出，国内城市建设区面积到2020年，需达到20%，再到2030年要达到80%，并在此基础上，对城市地下地上建设进行统筹，建设完成2 000 km以上的管廊，并启动消除城区重点易涝区段行动，推动海绵城市的建设进程。国家的支持与指导为海绵城市在市政道路给排水中的应用创造了有利条件。

二、海绵城市在道路给排水系统中的设计原则

在排水系统的运用中，人们应当以技术设计市政道路、海绵城市相关理念为主，遵循如下几个原则。

①防涝原则。不合理的市政道路排水系统，势必引发积水及洪涝，从而给人们的生活和城市运转带来极大负面影响。为解决这一问题，城市建设需对防洪防涝原则进行贯彻落实，依据城市所处的地域地形，充分做好排、用及渗等各项工作，不仅要科学合理利用水资源，还要做到对雨水进行快速疏通及排出，从而提高水资源利用率，有效缓解城市水资源紧缺问题。

②保护环境原则。建设海绵城市的最终目标就是最大限度地降低城市开发建设对生态环境的影响，并缓和城市与自然之间的关系。因此，城市建设要以自然环境为核心，采用海绵城市相关理念、技术设计城市排水系统。设计中需顺应自然，注重保护自然环境，合理运用城市内的自然资源，同时借助有效条件使得对环境保护有益且适合城市发展的自然生态景观得到再造，从而有效促进城市与自然的和谐发展。这就要求设计人员在设计市政道路排水系统时，摒除高强度且粗放式的设计方式，以生态保护及环境发展为设计出发点，遵循相关原则，开展相关设计工作，保障城市与自然环境协调发展。

③经济性原则。市政道路给排水系统是关乎一个城市经济发展、外在形象及内部环境的重要因素，该系统在建设城市及发展中起到了不可或缺的作用。海绵城市建设基于城市经济与市政道路给排水系统设计之间的关系，其中城市经济中的重要构成因素是工业生产用水、道路绿化用水及民众生活用水等隶属于市政道路给排水系统的领域，而设计好市政道路给排水系统，使得生活用水、绿化及工业的需求得到满足，可以有效促进城市经济健康稳定发展；另外，设计并实施市政道路给排水系统，工程艰巨，人力、物力及资金投入的需求相当庞大，而从节约的角度看，在进行相关设计时，应当避开大规模的调整线路，立足城市实际情况，合理利用城市内原有给排水系统，同时以市政道路给排水施工质量与施工效果作为基础保证，适当减少投入，提升资源利用率，从而避免出现资金、材料浪费的情况。

④个性化原则。市政道路给排水系统由于受到各城市的布局影响及所处地域不同，容易使得设计出现偏差，而为避免出现套用、照搬等情况，应当适当学习并借鉴其他城市的优秀建设经验，以此确保设计效果。此外，整个设计过程中，需从基础设施建设情况、绿化程度、水文条件及城市气候等城市的具体情况展开合理设计，从而使水资源紧张和内涝问题得到有效解决。

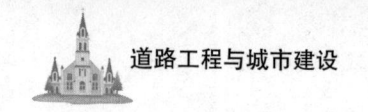

三、海绵城市在道路给排水设计中的应用

（一）道路的预先设计及材料选择

道路设计是市政道路给排水设计中的重要内容。确保道路的排水性、渗水性应当采用海绵城市相关理论及技术设计，因此在道路混凝土铺设部位，设计人员应当立足实际，设置相应的排水孔，从而使空气、雨水等因素得到有效循环，或者是将石子等材料铺设在道路土层内，从而提升道路的渗水性，以免出现雨水聚集现象。此外，影响道路排水性及渗水性的重要因素是材料，因此道路建设时应当选择渗水能力较强的材料。

（二）人行道及车行道设计

设计人行道时，应以保证道路的安全性与舒适度作为设计标准，通过透水铺装施工，确保雨水能够经路面渗入地下，这样使得地面的温度及湿度得到调整，既使得地下水源得到涵养，又有效减低积水，而如果出现较差的弱路基土壤透水性，设计人员可将排水管设置在基层部分。同时在设置坡度时，将横坡、纵坡分别控制在 1.5% 左右及 2.5% 以下。

当前我国的车行道路面以非透水性路面为主，该种路面也存在一些问题，如容易造成阻断地下水补给、路面积水等现象，设计人员为解决以上问题，以海绵城市理念为基础，变原来的车行道路面为透水性路面。沥青混凝土结构设置在上层，非透水性结构设置在中下层与基层，这样既可以通过坡度对自然降水进行充分收集，又避免积水出现在路面。

总之，市政道路给排系统地建设，需遵循海绵城市理念，并对其进行充分利用，从而提高该系统的综合性，因此通过海绵城市建设对市政道路给排水系统进行科学合理设计，从而达到改善城市生态环境的效果，推进自然与城市的和谐发展。

第七章 道路工程与城市建设的创新

随着信息技术发展,"智慧城市"地建设越来越重要,这不仅是城市可持续发展的需要,同时也是提高我国城市综合竞争力的战略选择。在智慧城市背景下,城市道路工程也应当要创新发展,将更多先进的现代化技术融入城市的规划设计和建设中。本章对新建城市道路工程设计方案评价指标体系、中国智慧城市地建设与运行、"智慧城市"背景下的城市道路设计优化策略进行主要论述。

第一节 新建城市道路工程设计方案评价指标体系

确定新建城市道路工程项目方案,相当于确定一条道路平面线形,其中包含着与该道路工程相关的路基、路面、排水、防护、管线、交通等各个要素设计的终止及各类数据和指标的形成。在设计一条道路时,通常会设计多个方案,这些方案对应的工程设计方案数据和指标有所不同,真是这些差异的存在才产生了对设计方案的优劣评价。由此可见,指标的选取对于设计方案具有重大意义。本节内容主要围绕"影响设计方案评价的指标体系"展开设计,通过构建此指标体系,深入考量新建城市道路工程的设计方案,以便更好地为新建城市道路工程项目管理决策者提供合理、科学的支持和参考依据。

一、指标体系的设计原则

在对大量新建城市道路工程的设计方案进行考量和筛选的过程中,为了使选出的方案最优,人们往往会设计一系列能够反映评价主体及评价对象特点的指标。工作人员通过以往的工作经验和城市道路工程项目特点可以得出设计和建立科学的指标体系需要遵循的基本原则。

①整体性原则。一个工程项目是一个整体，在设计评价指标时应充分考虑工程项目总体方案，切忌过分强调某一个指标的特点和性质，同时还要关注单个指标对整个工程项目方案的影响和作用。另外，对于指标地选取，应尽量抓关键，从而有效提高评价结果的系统性和可靠性。

②科学性原则。设计指标体系时应充分领会事物的本质和内涵，将理论和实际相结合，确保设计结果的科学性和实用性。其中，将定量和定性指标相结合的方式，可以有效促进方案评价的全面化、科学化。

③实用性原则。城市道路工程项目方案评价指标体系的选择尤其强调可操作性，不仅要囊括一个项目方案的各项内容、内在优劣，而且要一目了然、方便操作。为了确保这两者兼而有之，设计时设计人员应做到：指标概念明确、获取指标的相关信息、量化指标体系等。

④适度原则。评价指标偏多，会造成评价体系烦琐多余；评价指标偏少，又无法全面客观地表现评价对象。因此，保证评价指标数量的适度选取是极其重要的。

⑤可比性原则。评价指标体系的可比性和评价结果的可信度呈正相关关系，可比性越强，则可信度就越高。因此，为了确保评价指标体系的可信度，在设计评价指标体系时应具有较高的可比性。

⑥独立性原则。同一级指标应防止存在包含、关联等联系，而且还要确保指标能够反映设计方案的实际情况，以防因指标之间的相关联而造成评价结果失真。

二、指标体系的设计思路

新建城市道路工程设计方案选择的优劣将直接影响整个城市道路工程的建设过程和后期的运营过程。因此，评价指标体系的选择尤为重要。依据新建城市道路工程设计方案评价指标体系，才能对可行性研究的多个不同设计方案进行评价和选择。以相关理论研究概述为基础，综合考虑新建城市道路工程项目的特点、影响城市道路工程设计方案选择的因素和指标设计的原则能够得到一个初步的评价指标库，再采用专家调查评估法就可以进行具体的评价指标选择。整个指标设计思路如图7-1所示。

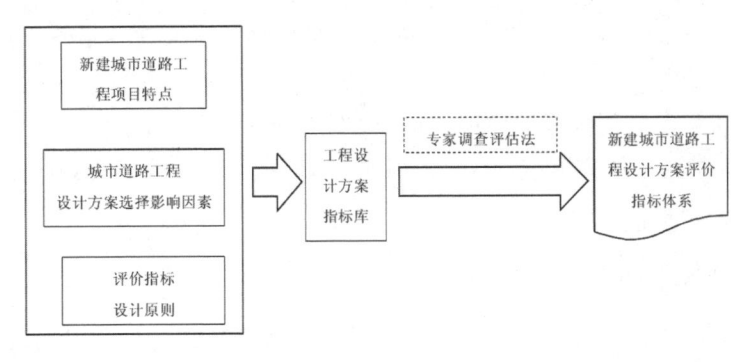

图 7-1　新建城市道路工程设计方案评价指标体系设计思路

三、指标系统的设计内容

评价指标包括：①选取具体数据、运用数学公式展开计算的指标，这种指标只需用公式对收集的数据进行计算；②按照定性评价—量化顺序进行评价的指标，此指标通过"模糊统计法"确定其隶属度函数关系从而实现量化。

（一）路线指标

路线指标是衡量一个工程设计方案路线优劣的关键。路线指标包括路线总长度、最小平曲线半径、最小竖曲线半径、平曲线长度、最大纵坡、路线增长系数、直线最大长度以及最短坡长等因素。国家对这些因素的指标都进行了明确的规定。要实现同一工程投资条件下道路使用功能的最大化，就必须选取高技术指标的工程设计方案。依据指标设计原则，采取专家调查评估法对路线指标进行筛选，最终得到下列 5 个具有代表性的路线指标。

①路线总长度。路线总长度直接影响着道路走向的合理性，与前期规划设计的贴合性。因此，路线总长度的确定是设计人员在选取路线方案时不可忽视的一个重要因素。

②最小平曲线半径。最小平曲线半径是反映平面线形的一个重要数据，有关数据显示，当平曲线半径 R 不小于 250m 时平曲线可以不设缓和曲线，也就是说，平曲线半径越大，则平面线形（圆曲线）与直线段地衔接就越通顺，平面线形指标越高。

③最小竖曲线半径。竖曲线半径直接影响纵断面设计的好坏，按照规范设计要求，任何一个等级设计速度的道路都必须有一个特定的最小竖曲线半径。最小竖曲线半径越大，则纵断面线形越优。

④平曲线长度。平曲线长度不仅能影响整条路线方案平面线形的美

观，还影响平面线形指标的优劣。如果平曲线长度过大就会阻碍车辆的正常通行。

⑤最大纵坡。最大纵坡体现了路线方案纵断面设计的优劣。为了实现更好地排水，纵坡最小值应不小于0.3%。但是，纵坡数值不宜过大，以0.3%为标准，数值越大，则路线指标越低。

（二）路基指标

路基指标不仅可以反映整个设计方案工程量的大小，还可以间接反映施工难度和工程造价。工程投资是从工程设计到工程项目全部建成竣工所要考虑的一个重要因素，在保证道路运行效率的前提下，降低工程投资，可实现经济效益的最大化。因此，对于涉及方案的筛选，应尽量选择工程数量小的设计方案，以获得最大的经济利益。其中，工程数量如下。

①路基填土石方工程量。路基填土石方工程量的大小不仅对路基填土高度、工程造价具有直接影响，还体现了路线方案的优劣，是整个工程数量不可或缺的一部分。

②路基挖土石方工程数量。此指标的作用和功能类似于路基填土石方工程量。

③路基防护工程数量。路基防护，即设计方案防护路基的工程量，可量化。路基防护工程包括路基防护、挡墙防护及边坡防护等。其数值的大小表示了道路施工的难易，数值越大，施工越难，工程造价也越高。

④软基处理工程数量。软基处理属于工程数量，同样可进行量化。软基处理数量越大，说明所建道路的地质条件越差。因此，工程建设人员应密切关注这项数据，确保施工安全。

（三）环境指标

施工企业在确保工程投资无误和道路使用功能实用无碍的情况下，还要尽量减少工程设计方案对环境造成的影响。这一点在具体进行方案决策时很容易被忽视，因此有必要构建环境指标来对工程设计方案进行评价。依据指标设计原则，采取专家调查评估法对环境指标进行筛选，最终确定5个既有定量也有定性的环境指标。其中，影响环境指标的因素主要包括以下几点。

①地形地貌条件。地形地貌条件对道路的设计及施工具有重大影响。如果地形地貌条件恶劣，势必会增加施工成本。因此，地形地貌条件也是评价工程项目方案优劣的一个重要因素。

②对沿线生态环境的影响。在道路路线方案设计及施工的过程中，势必会给当地的生态环境带来影响。所以，应尽量降低工程施工对沿线生态环境地破坏。

③破坏耕地树林面积。道路施工需要占用一定数量的耕地树林，这在很大程度上增加了道路的投资成本，甚至会带来一系列负面影响。因此，应适量减少工程数量，尽可能少占用耕地树林。

④拆迁工程数量。此指标具有定量性，其中拆迁对象包括房屋建筑物、电力电杆等。

⑤道路占地面积。道路占地面积对施工阶段道路用地的申请批复具有重大影响，道路占地面积越小，环境指标就越高，用地申请批复率也越大。

（四）项目实施指标

项目实施指标体现了工程建设实施的可行性，即实施的难易程度。项目实施指标的高低影响着工程项目方案的优劣，是管理决策者在进行工程决策时首要考虑的因素。任何一个工程项目，都应该在保证道路运行效率的前提下，尽可能地降低工程投资，获取经济效益最大化。项目实施指标中，工程投资显得尤为重要。根据指标设计原则，采取专家调查评估法对项目实施指标进行筛选，最终得到下列 5 个具有代表性的项目实施指标。

①工程投资。工程投资在项目方案中所占比例较大，是整个项目实施指标的关键，具有可量性。每个工程项目在准备初期都会进行工程预算，通常投资成本越低，工程效益就越高。

②拆迁费用。拆迁费用，即工程实施中占地拆迁赔偿的费用，费用越低，项目实施指标就越高。

③运营费用。项目运营费用是一个很容易被工程投资决策者忽略的，但又是非常重要的因素，通常发生在项目建成后。

④促进当地经济发展。工程方案的优劣不一，对当地经济发展的作用自然存在差异，在选择方案的过程中工作人员应充分考虑其对当地经济当前和未来发展是否具有推动作用。

⑤施工难度。施工难度反映了一个项目方案的好坏，难度的高低是决策者选择项目方案的一个重要指标。它是一个定性指标，不能进行量化。

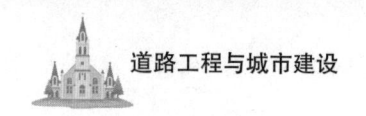

第二节　中国智慧城市地建设与运行

智慧城市就是利用新的信息技术，对城市进行建设、规划、服务、管理，为人民群众的生活提供便捷化、智能化服务，从而让城市向智慧化管理和运行，推动城市可持续发展，让人民生活更有幸福感。因此，智慧城市要打破能源、土地的束缚，提高城市运行及管理的效率，最终推向城市生态化和现代化发展。

在大规模、大范围建设智慧城市过程中，英国、美国对数字信息化产业的发展更为重视，希望用数字信息推动智慧城市的发展；日本、德国、瑞典都是建设智慧城市的典型代表，其优势在于环境宜居、能源循环使用；新加坡、韩国利用信息化将城市建设重心推移到基础设施建设中，倡导城市全面覆盖智慧功能。由此可见，每个国家对城市地建设，都有各自的理念和风格，但共同点是所有国家都向着智慧化、便捷化、更具有人性化的方向迈进。

一、智慧城市顶层设计的建设与运行

随着科技进步，城市发展，对于智慧城市的建设方向，世界各国已经达成共识。在理念方面，主要以保护环境为主题，倡导低碳环保；在设计方面，突出信息化、数字化、智能化；在标准层方面，国际组织、各个国家利用不同的维度，行使制定标准的话语权。

（一）大数据为智慧城市设计提供支撑

直至 2014 年，大数据才得到实战化的应用，在此之前，该技术一直在应用和理论探讨的初级阶段，由于人们不能有效地对大量碎片化信息、无序数据进行分析，所以不能产生有价值的成果。但是随着技术突破，如深度挖掘技术、机器学习等，人们利用计算机处理数据的能力进一步提升，大数据也由此走向台前。

同时，社会中所产生的数据信息量也增大，因此各国都纷纷制定和更新政策，发展大数据技术、数字化产业，让数据服务于经济发展与城市建设。

2015 年，英国发布了《英国 2015—2018 数字经济战略》等政策，将发展数字化领域上升为国家战略。美国《美国创新新战略》提出加强高性能计算领域地发展，打造完整的大数据产业链。大数据技术和产业发展带动了智慧城市地建设，并开始释放红利，在智慧医疗、智慧交通、智慧教育等领域均体现出优势。

对于顶层设计，各国城市建设的策划者利用大数据对城市进行规划和设计已经成为一种趋势，它将取代传统技术和设计方式。传统的设计主要依靠专家经验、专业机构实践积累，存在诸多的弊端，如缺少与群众交流、运行周期长等问题，因此在低效率和百姓口碑差的因素共同作用下，为智慧城市的建设也带来一定的困难。利用大数据，对城市进行设计，可以更加精准、高效地运作，降低了员工的工作量，还给他们提供了发挥想象力和创造力的平台。

在过去，城市建设还没应用大数据分析，政府相关部门通常采取派调查员，随机对群众发放调查问卷，来获得群众建议和意见的方式，这种方式不仅耗时耗力，效率低，而且覆盖面也低，收集的信息不具有客观性和代表性。目前，利用大数据进行信心收集，每个市民都可以参与其中，并且提出自己的意见，还能形成互动，群策群力，能够在第一时间内针对群众所反映的热点问题，进行有针对性的解决，并且将群众的问题存放至大数据管理中心，通过信息分类、对比，在政府进行决策时提供强有力支持。

（二）可持续理念得以系统化设计和实现

智慧城市建设，需要长期坚持和努力，因此在建设的初期，不少国家为了能够在较短时间内取得实效，将高能耗产业作为发展的对象，虽然经济得到了快速增长，助推了城市进步，但经过一段时间地检验，城市出现环境逐步恶劣，建设规划不合理等问题，这与最初人们建设智慧城市的目的背道而驰。因此，要让智慧城市走可持续发展道路，必须要坚持低碳环保理念。国际标准化组织和欧盟委员会等，在重大项目立项会、国际会议上就多次提出这一理念。城市建设要通过低碳环保的方式，进行智慧能源、智慧交通、智慧环境等方面地建设，注重加强严格控制碳的排放、节约能源等措施，让市民生活更加便利、经济更加繁荣。

（三）主导制定智慧城市标准成为新潮流

智慧城市建设初期，大部分国家认为，只有在经济提高的基础上，才能建设智慧城市，因此出现了城市建设野蛮增长现象，内耗严重，信息不畅通，商品同质化严重。随着时间的推移政府开始意识到这一问题，要确保各领域协调发展，就需要制定统一的标准，这是城市建设必要的一个环节。

到 2016 年，国际标准化组织（ISO）、国际电工委员会（IEC）、国际电信联盟（ITU）、英国标准协会（BSI）等机构大规模启动了智慧城市标准化工作，美国、英国、欧洲等区域性标准机构也纷纷开展关于智慧城市标准化工作地研究和制定。例如，标准组织机构 ISO/TC268 深耕可持续发展的城市和社区领域，其 2016 年发布的 3710 号标准，明确定义了 100 项指标来衡量城市服务和城市服务质量的高低，在世界范围内建立了智慧社区的统一标准。标准组织机构 ISO/TC204 在 2016 年 5 月颁布了智能交通系统的新标准，将 ITS（智能交通系统）与地图数据库的规范合作、紧急疏散、紧急响应等 20 多个智能交通系统标准领域纳到标准化工作中，为世界各国建设智慧交通做出标准化规范。

制定智慧城市标准并严格执行，可以让城市建设形成信息网络框架，各部门各体系之间信息相互联通，同时大幅提高建设的成本效益并具有很强的推广性，让其他城市或部门分享标准红利，形成多赢局面。在实践方面，根据国际标准化组织 ISO/TC268/SCI 第九次全会决定，2017 年在全球范围内遴选 10 座城市开展为期两年的智慧城市标准的试点，其中中国 5 个，美国、英国、西班牙、荷兰及日本各 1 个。通过建设试点城市的方式，各城市在设计、规划和成熟度模型方面参照国际标准进行建设、完善，建设完成后将智慧城市标准化成果推广到国际标准化体系中，提升城市的知名度，吸引全球产业界关注。

二、智慧城市技术发展建设与运行

网络信息化时代，科技飞速发展，越来越多的新产品正在悄无声息间改变人们的生活。如区块链技术、人工智能深度学习技术等。

（一）区块链为智慧安全开拓新方向

区块链根据某种时间顺序，采取顺序相连，将数据区块组合为链式结构，再结合密码学的方式，确保其不可伪造和不可篡改，制作成分布式账本。目前，该技术从数字货币系统，延伸至智慧城市的各个方面，已经成为重塑社会的关键性技术之一。在具体操作中，区块链技术的作用是提供安全性技术支持。

区块链在智慧教育中具有不可篡改性、数据完整性等特点。传统管理系统一般由人工录入，是人手动将信息传入系统中，在需要的时候进行提取或查看，这种方式不能保证其安全性和完整性。但区块链技术可以采取密钥的形式，对学生的毕业证书、各项荣誉进行加密，并且可以在相关的网站上进行查阅，以辨真伪。

对于民生保障，区块链也为其提供了重要的技术支撑，如建立特殊人群捐款管理系统，它可以用众筹的方式，来完成项目资金吸纳，并且在吸纳足够的资金后，根据智能合约将捐款发放给受助的特殊人群，无须第三方插手，减少中间环节。这是其与传统捐款方式最大的不同。除此之外，该系统能够保护捐

款人的钱物，确保募捐资金的安全，防止第三方从中攫取利益，保证资金真正用到受捐赠人的手中。

对于智慧交通而言，区块链技术能够实时监测道路的情况，对交通拥堵提前预警，检测车辆碳排放等。与传统的车辆管理相比，区块链技术更加智能化，它可以实现车辆网上登记，并且对所有车辆的排放记录、生命周期及运行信息等进行记录。系统可以自动对区域和自身智能化筛查，并且告知车主车辆的情况，预测出行路线的道路交通情况，避免拥挤路段，减少车辆安全隐患，降低事故率。

对于城市安全方面，传统的技术手段，存在巨大的安全隐患，主要体现在以下几个方面：第一，大数据、物联网传感器，还有云计算等技术，它们将收集信息汇总到城市云平台或者中心化服务器上，然后进一步进行处理，但是若城市云平台或中心化服务器受到攻击，就会造成大量的设备受到波及，给整个城市带来重大影响；第二，在建设智慧城市过程中，一旦传感器等硬件设备出现故障，会造成数据收集的残缺或丢失；第三，无法对关键数据进行校验，缺少安全保障机制，数据被篡改，无法恢复，也不能及时发现。综合以上的因素，可见利用区块链技术，能够有效避免智慧城市建设中存在的安全隐患。区块链的优点之一是中心化，它将完整的数据拷贝给系统内每个用户，假如系统内某处节点遭到攻击，不是全面瘫痪的情况下，系统都可以从别的节点获取数据。除此之外，区块链还具有一大优势，即追溯性，它将记录每一步操作，然后对所有节点进行验证，确保不会被更改。

（二）深度学习技术推动智慧管理深刻变革

深度学习技术，能够对智慧城市产生的信息，进行智能化处理，在此基础上总结出用于实践中使用的规律或知识。由于智慧城市每天都会产生庞杂的数据，单以人力很难完成，要对这些信心进行分析、数据挖掘、筛选等任务，更是难如登天，因此这就需要计算机强大的运算能力。目前数据计算系统，有许多历史遗留问题，制约着计算机对信息的处理能力，如云计算技术、大数据技术，无人操作的情况下，筛选信息能力低。通过深度学习技术为计算机搭建海量大数据训练平台，提升了计算机的运算能力，其中包括数据加工、数据挖掘、信息与大数据之间的智能获取等。由此可见，深度学习技术展现的高度智能化，要比云计算、大数据等技术，更为高效和智能，并且具有很强的实践应用能力，弥补了智慧城市建设中初级阶段的短板。

深度学习技术，已经成为目前的高精尖技术之一，作为推动智慧城市前进的主力军，它将引发管理方面的大变革。在智慧政务领域方面，相比传统人工接听电话，它可以节省人力成本，可以确保收听时效性，美国政府就已经在利用客服机器人来接听电话。这是因为人工智能机器人能够做到24h在线，可以提供一对多服务，并且具有传递信息精准无误等优点，被广泛应用，为城市智慧化增添了动力。在安全领域方面，传统模式确定犯罪嫌疑人，要结合相关的知识和经验，进行排查工作，耗费大量的人力物力，利用深度学习技术，可以进行属性分类、人脸识别、智能检索、目标检测等功能，系统能够完成智能筛查、智能跟踪，从而确定目标。

第三节 "智慧城市"背景下的城市道路设计优化策略

一、基于 Civil 3D 的城市道路设计优化

Civil 3D 软件是 BIM 技术中使用最为广泛的软件，下面将以该软件的使用为基础，对城市道路设计优化展开探讨。

（一）城市道路土方量计算地优化

每座城市内部道路的规划和建筑，在整个过程中对于土方的计算量都是比较重要的，一般来说这个计算过程大约会占据整个工程造价前期计算的四分之一。并且在对于所使用土方的计算过程中，涉及的数据比较复杂。在具体的预算过程中，专业人员一般会利用一些现成的方法进行计算，如等高线法，断面法和方格网法等，但是这些方法都有它们本身的缺点，误差值比较大，且计算的精确度不高，往往仅可以粗略地计算一些精准度不高的道路，不适用于建设比较复杂的道路。

在日益发展进步的现代化社会，人们正在逐渐更多地使用计算机来参与工程建设。这些技术有 BIM、GPS、GIS 等，这里重点介绍数字高程模型技术。在具体的测量过程当中，Civil 3D 能够自主对要修建的路面进行采样，并且把所要修建的道路的具体材质给予一定的定义，对于要修建的道路所需的具体材质进行测算，并且生成有关图例，作为建设道路时的重要依据。

（二）城市道路线型设计优化

①优化平面设计。在实际的道路设计中要兼顾到许多因素，这些因素包括道路的横坡度、曲线最小半径、每个公共交通站牌之间的距离等，所有这些在

实际的设计过程中都要考虑进去，如果其中任何一种因素没有兼顾到便会产生许多意想不到的后果，进而会影响整体的规划方案。所以说如果把 BIM 技术中的 Civil 3D 软件成功地运用到前期的规划设计当中，便可以解决不少关于在具体的设计和录入有关信息的时候的问题，当所有的信息被有效录入之后，就能够自动生成所要求的线路，当在设计图中显示出一定颜色的记号时，就意味着在设计图中有问题出现，这样设计人员就可以再次对各项数据进行验证和录入，直至完全正确为止。这个设计的过程可以让设计人员更加精准地掌握有关数据，并把握录入的过程。比起以往传统的设计方式，这种相对现代化的处理方式效率更加得到了提高。

②优化纵断面设计。这种设计主要侧重于对所需建造路面的纵断面进行分析和设计。它一般是把原有的路面所在的地形作为基本的分析数据，以此作为基础进行合理的研判和规划，通过数据汇总再确定最终的设计方案。其具体的操作程序一般是首先选中路面的纵断面图例，并点击所要了解的各个项目参数，包括竖曲线半径、坡度等，在此基础上结合所要建设的路面现场的实际情况，对一些不切合实际情况的项目参数进行合理改动，以达到最合理的效果。

③优化横断面设计。在对所建造的路面的横断面进行规划时，如果路面的实际情况相对比较复杂，那么此时的 Civil 3D 软件便会充分彰显其自身所长。它可以借助软件中横断面的编辑器非常方便地对各方面实施合理设计，并可以适时根据现实状况进行刷新，为设计出最新最准确的建设计划提供依据。相较传统的设计，它不仅节省了人工成本，还节约了测算时间。值得注意的是，在对于各项数据的收集过程中，要严格注意各项汇总的数据的准确性，若最初所提取的原始数据不准确，便会影响后续的设计和规划环节，以至于会对施工产生直接影响。

④优化路面的超高与加宽。在建造各种路面时，不同的道路设计环境所遇到的实际情况往往也不尽相同，如有的道路会建造在比较高的地势上，有的路面则需要建造得相对宽一些。这些情况在使用 Civil 3D 软件进行设计时，也具有一定的优势。在路面的曲线半径小于 250m 时，就要进行路面加宽设计了，此时 Civil 3D 软件所包含的相应数据处理部分便能够对这种情况进行自动处理。

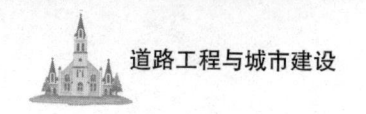

二、基于 Civil 3D 的城市道路设计拓展

（一）城市管线综合设计

在对城市的道路进行设计时，关键的一点是要明确已存在的建筑管线情况。采用 BIM 技术能够有效避免传统施工时造成的管线重新修改和弥补的返工现象，同时还能对城市管线系统进行优化和创新。这种技术通过实时对城市管线进行监控，将最新的数据反馈给设计人员，从而避免不必要的返工，大大节省了维修费用。在这里会用到 Arc Engine 这个组件，使得程序能够运用 GIS 的功能，其中包括统计分析和数据整理等功能，从而大大方便了设计人员地使用。

（二）城市道路景观设计

在对道路进行设计的同时，还要考虑到道路景观的设计。只有有了道路景观的衬托，道路作为城市景观最重要的支撑，才能更好地发挥它的作用，因此道路和道路景观是一个不可分离的整体。一般情况下，在设计城市道路景观的时候，设计师往往是根据一张图纸来进行修改和设计的，这样不便于后期修改和调整。而 BIM 这个技术可以通过三维建模的形式来对系统图纸进行设计，设计师将数据输入在系统当中，就可以自动生成设计模型，最后再使用 Google Earth（谷歌地球）这个软件提取最终的模型，并导入 3ds Max Design 当中来进行最后的渲染，在这个过程当中可以使用 SketchUp 来辅助生成整个城市道路景观。

最后，随着城市化和智能化推进，智慧城市的发展进程也在一步一步地加快，城市正变得更加现代化。而城市中的道路作为一个城市的基础建设工程，必须结合先进的技术来对其进行创新优化，从而更加方便人们的出行和城市发展。

参考文献

［1］江苏省建设厅. 城市建设指南与范例（城市道路篇）［M］. 北京：中国建筑工业出版社，2007.

［2］凌天清. 道路工程［M］. 3版. 北京：人民交通出版社股份有限公司，2016.

［3］卫超. 海绵城市：从理念到实践［M］. 南京：江苏凤凰科学技术出版社，2018.

［4］徐亮. 城市道路工程［M］. 北京：人民交通出版社，2012.

［5］姚恩建. 城市道路工程［M］. 北京：北京交通大学出版社，2015.

［6］方成，丁建明，刘洪波. 道路纵断面优化设计的研究［J］. 交通与计算机，2006（5）：54-56.

［7］方银杏. 道路工程改扩建设计要点分析［J］. 安徽建筑，2019（1）：151.

［8］何飞. 关于城市道路照度标准值的思考与建议［J］. 照明工程学报，2015（3）：87-89.

［9］洪鹰. 浅谈数字城管在城市道路绿化的应用［J］. 四川水泥，2019（03）：94.

［10］李国涛. 因地制宜的城市道路绿化景观设计方法研究［J］. 美术文献，2018（5）：87-88.

［11］李景奇. 城市水生态系统的修复与重建——海绵城市规划建设理念与关键技术的哲学思考［J］. 上海城市规划，2019（1）：12-18.

［12］刘珈琪. 城市道路公共交通发展及趋势分析［J］. 管理现代化，2017（6）：76-80.

［13］刘凌雯，吕晓，沈丽君，等. 基于海绵城市理念的城市规划体系探

讨——以 X 市项目为例［J］. 项目管理技术，2018（2）：93-99.

［14］罗鹏飞. 城市道路绿化规划设计问题探究［J］. 建材与装饰，2017（34）：85-86.

［15］唐田，郑清国. 城市道路养护与新技术的应用探讨［J］. 居业，2019（4）：109.

［16］田宝. 道路绿化工程反季节施工要点［J］. 山西林业科技，2018（4）：42-43.

［17］童明浩，陈加兵. 海绵城市建设中城市绿地的作用探析——以福州市主城区为例［J］. 台湾农业探索，2019（1）：66-69.

［18］王满，陈娟，许华堂. 城市道路平面设计资料的数字化处理［J］. 现代测绘，2009（5）：11-13.

［19］王秀荣. 城市道路路面排水设计探讨［J］. 给水排水，2014（10）：35-38.

［20］魏朋，马国纲. 城市道路高填方路基排水设计研究［J］. 城市道桥与防洪，2017（12）：86-87.

［21］吴振宇. 我国智慧城市发展现状与问题分析［J］. 科学技术创新，2019（16）：24-25.

［22］肖林. 城市道路交叉口平面优化的设计研究［J］. 居舍，2019（12）：172.

［23］杨爱丽. 基于道路工程路基路面结构及设计的研究［J］. 科技与企业，2015（12）：149-150.

［24］杨洋，廖奕宁. 城市道路交叉口平面优化设计分析［J］. 四川建材，2019（1）：166-167.

［25］余美文. 城市道路雨水排水设计若干问题研究［J］. 给水排水，2015（9）：33-35.

［26］张翠英，张英. 基于海绵城市理念的市政道路建设探究［J］. 水利与建筑工程学报，2018（5）：62-66.

［27］张国华. 智慧城市与信息化规划建设［J］. 互联网经济，2019（05）：92-95.

［28］张腾. 海绵城市建设理念下市政道路设计的关键点分析［J］. 价值工程，2018（20）：262-263.

［29］张远. 城市道路设施建设与区域经济发展［J］. 中国商论，2016（20）：132-133.

［30］朱连利，朱辰辰．生态补偿在城市道路规划设计中的应用［J］．中华建设，2014（11）：70-71．

［31］吕天青．新建城市道路工程设计方案评价研究［D］．武汉：武汉科技大学，2013．

［32］赵大鹏．中国智慧城市建设问题研究［D］．吉林：吉林大学，2013．